愛のコース

A Course of Love

マリ・ペロン 記
香咲 弥須子 監訳、ティケリー裕子 訳

Mari Perron, First Receiver

ナチュラルスピリット

A COURSE OF LOVE:
Combined Volume received
by Mari Perron

Japanese translation published by arrangement with
Take Heart Publications through The English Agency(Japan)Ltd.

This translation is based Second Printing, August, 2015

第二部　解説書

愛のコース　目次

第二部　解説書

解説Ⅰ　思考術

解説Ⅱ　融合の本質とその認識

解説Ⅲ　個の自分

※本文、段落冒頭の数字は最初が章番号、次が段落番号を示す。
例えば5.1は、第五章の一番目の段落であることを示している。

解説Ⅰ　思考術

第一章　最初の指示

1.1 分裂した心は、与えることと受け取ることを同一のものとして行う能力がないため、学ぶということをしません。また、分裂した心は、安らぎを見出せないので休むことがありません。与えることと受け取ることを同一のものとして行うには、安らいだ状態でなければなりません。安らいでいない状態では、安らぎを求める思いや安らぎを得られると思われる方法と対立状態にあり、平和というものが自分という存在の外側にあるように見えます。その状態のわたしたちは、平和をもたらす人類の融合に達する手段を探し求めます。その手段を知らないゆえに、対立やあらゆる模索が生じます。見つけ方を知っているものや、すでに所有していると信じるものを探し求める人はいません。

1.2 『愛のコース』の第一部では、あなたをマインドとハートが一つになった「完全な心」へと導きました。その状態にたどり着いたことを知るとき、さらなるガイダンスが必要になります。したがってこの解説では、わたしたちが学び続ける際に求めるものを具体的に挙げていきます。また、分裂した心の状態である誰かがあなたに対して反応するとき、その人の完全な心の一部をどのように見出せるのかという具体例を挙げていきます。その理由は、あなたがあなた自身の完全な心を自覚したときに、何をすることができるかを示すためです。

1.3 わたしからあなたへの最初の指示は、これ以上模索しないことです。あなたが知るべきことはすべて、第一部で述べています。学びが完了していないと感じるのは、このコースをきちんと実践していないからとか、あなたが失敗しているからとか、そういうことではなく、あなたが忘れた状態にあるからです。つまり、マインドフルな状態とは反対の状態にあるからです。ですから、これからは思い出した状態、いわゆるマインドフルな状態に基づいた学びをしていきます。

1.4 第一部では、あなたが知るべきことを示し、地上で学ぶあらゆることの役割を述べました。けれども、それであなたが学びに従って生きる力を得たわけではありません。ただ、あなたの準備が整っただけです。「思い出す」という言葉や記憶という概念は、マインドフルな状態を指しています。また、以前学んで経験したことを再生したり思い起こしたりする力を指しています。この再生したり回想したりすることが、創造するということです。創造する行為は過去の現実を呼び戻しはしませんが、それを現在の経験へと変容させます。幻想ではなく真実をもたらす記憶は、現在の経験の中で蘇ります。あなたはこれからそれを経験し、真実の記憶を学び、愛に対して別の応え方をするという祝福を受け取っていきます。

1.5 あなたが今まで本当に経験してきたことというのは、愛だけです。幻想があなたに差し出すものは「無」でしかありません。ですから、思い出して追体験をする際にまずしなければならないことは、真実から幻想を切り離すことです。そのための努力はもう必要ありません。このコースですでに学んだことを通し、その準備はできているからです。過去に経験した学びが再現された状況に遭遇したとしても、あなたはあなた自身のハートを信じてさえいれば、幻想と真実を完璧に区別できるでしょう。これはただ、意味を認識する行為です。あなたが幻想から学んだと信じているすべては、今やあなたにとっては何の意味もなさないため、あなたはこれまで誤って学んできたものを手放すようになります。そして正しく愛を認識すると、誤って愛を認識していたときに学んだすべてを学び直すことになります。

1.6 わたしは、ただハートを信じるようにと指示してきました。再びつながったマインドとハートは今、一体となって役割を果たすよう求められています。第一部では、このコースのテーマと学習目標に合わせ、マインドの仕組みについて述べました。今後はさらに進み、思考術について考えていきます。

1.7 あなたを日々、争いに直面させ、もう再び闘えないほど疲弊させていたものがありました。それがマインドの仕組みです。ハートの叡智に再び耳を傾けるには、マインドの仕組みを克服しなければなりません。過度に使われ刺激されたマインドの仕組みこそ、あなたに手放すように求められていたものです。マインドを落ち着かせる唯一の手段が、その仕組みから去ることだからです。その仕組みがなくなれば、融合への回帰を促すために必要な新しい学びや融合そのものについて、じっくり考えられるようになります。融合への回帰、それが愛への帰還です。それは真の自己の中心からアクセスされます。ハートの叡智を耳にして回帰し始めるには、まずマインドが鎮まらなくてはなりません。今あなたの回帰を完了させるために、マインドとハートが一体となって機能する必要があります。

1.8 あなたという存在は常に思考しています。それは否定できませんし、否定されるべきではありません。第一部では、感情を頼りにするだけで学びが完了するという誤った印象を受けたかもしれませんが、実のところ、それがあなたの学びを未完成にさせています。この思考術に関する第二部なくしては、あまりにも大勢の人たちが自らの感情によって混乱に陥るでしょう。そしてそんな状態を表すかのように、時折現れる多くの難題に直面し、それらを解明するために何を頼ればよいのかわからなくなってしまうでしょう。

1.9 一体となったマインドとハートは、エゴを無効にします。かつては、エゴのマインドがあなたのあらゆる思考を管理していました。エゴには学ぶ力がないので、真の学びを起こすにはエゴのマインドを回避しなければなりませんでした。第一部で行ったことは、まさにそれです。それはあなたの内側で起こりました。今や神によって完成された人として、あなたは普遍的なマインドにアクセスすることができます。

1.10　融合した心の思考からあふれる喜びは、地上での経験とは比べものにならないでしょう。無限を知った喜びと安心とともに、あなたはこう言うでしょう。「ああ、これが真実を経験し、知るということか。これが創造なのだ。まさにこれこそが、神の思考と同じように思考するということなのだから」と。かつて幻想だけを認識し、それを現実と呼んでいた同じ場所で、今や融合した心がますます真実だけを認識し、真に実在するものだけを経験するようになります。

1.11　あなたはすでに、この大きな変化がもたらすものを想像できるでしょう。でも今はまだ、導きがないまま時間の中で変化を経験しているだけなので、この変化はとても難しく感じられるでしょう。それでもその結果がどれほど壮大なものであったとしても、あなたはあなた自身の認識をよそに、一瞬にしてその変化を迎え入れるでしょう。

1.12　再び、あなたの意志が求められています。今ここで、真実を経験するために思考術を用いる意志を持ってください。

第二章　思考術とは

2.1 第一部の最後のページでは、これ以上考えないようにと指示をしました。終えるべき思考を生み出していたエゴのマインドを解放するためには、立ち止まる必要がありました。その思考の終わりは、実は始まりでした。あなたは終えるべき思考を終わらせることで、本来の思考術を学ぶ準備をしてきました。

2.2 第一部では、あなたが手放すべきものを明確にしました。恐れ、苦労、努力、支配、防御など、一見、区別や分離に思えるさまざまなことが、今ではエゴの思考から生じていたことがわかります。

2.3 真実を経験し、その経験を、かつて真実を経験するために用いていた思考、つまりエゴの思考に当てはめるなら、それはただ以前と同じ方法で愛に応じようとしているだけに過ぎません。長い間、愛が答えであると説かれてきましたが、あなたはなぜ愛が答えになり得るのかという疑問を抱えていました。その疑問の答えは、あなたが愛に応じる中で見出されます。応じるとは、答えることです。あなたは所構わず「答え」を探し求めてきましたが、「答え」はここにあります。「答え」はあなた自身のものであり、あなたが与えるべきものです。それは愛から愛にだけ与えられます。あなたは答えを与えることでしか、それを受け取ることができません。

2.4 ですからわたしたちは、あなたがハートにアクセスできるよう、あなたの源を明らかにすることを目指してきました。あなたの応答はすべて、ハートから生じます。真の自己の源はハートなので、あなたの思考は一度エゴの思考から離れると、真の自己を表現して延長します。それが創造物が創造主に捧げる答えであり、真の自己から神への答えです。

2.5 エゴが守り続けている思考を解放しなくてはなりません。ハートに訴えることが、その解放をあなたの内側で引き起こすための手段です。第一部で「古い学びの取り消し」や「新たな学び」として述べたことが、ここから始まります。今のあなたは以前と違い、取り消して学ぶための新たな応じ方を身につける準備ができています。その応じ方が、これから学ぶ思考術です。

2.6 いわゆるエゴの思考というものは、非常に横暴です。その思考がずっと使われていたために、あなたのさまざまな感覚が鈍くなりました。そしてあなたが二度と真実を信じられなくなるほど、その思考はあなたを真実から引き離しました。そんな思考のせいで、もっとも小さな問題でさえも混乱をきたし、あなたは何事にも純粋に応じられなくなりました。エゴの思考は、無駄話、騒音、雑音のようなものです。エゴの思考には、わずかな意味しかありません。そのわずかな意味は、どれも不透明です。

2.7 あなたはそんな状況で唯一、何かに注意を向けることを心の拠り所にしました。あなたが注意を向けたこととは、特別な何かを学ぶために思考を使うことでした。あなたは学ぶことに専念することで自分が多くをなし遂げたと信じ、マインドを訓練する規律を得られたと思って喜びました。そうできなかったときは、できない自分を恥じました。長い間、こうしたエゴのマインドの訓練を一番上手くできた人に世俗的な報酬が与えられてきました。彼らは学位や技術を取得し、さらなる報酬のためにその技術や知識を世界で用いることで、学んだ規律を応用します。そのように報酬を得ることで、何かに特化した思考の重要性がますます強まり、エゴのマインドはさらに確立されました。こうした手段を用いれば自分自身の真実を学べるという誤った考えを、第一部の前半の教えで打ち消そうとしました。

2.8 繰り返しになりますが、第一部でたびたび述べたように、こうした考えに代わるものが存在します。それを知らなかったあなたにとっては、それは存在しないものだったので、それを学ぼうと挑んだあなたは勇敢だったと言えます。それを学ぶことで不安が生じるわけではありませんが、取って代わるものが明らかになった今、あらゆる考えが止まなければならないほど、大きな思考の変化が求められています。

2.9 あなたはすでに一度、この新しい方法で学ぶことに成功しています。そうでなければ、ここにはいないでしょう。これは新しい方法が古い方法に完全に取って代わるまで、あなたが何度でも挑戦できるという証です。新しい思考術によって、かつてエゴのマインドが示していたと思われる物事の必要性に対して、完全に背を向けます。

2.10 エゴの思考は、身体の性質に支配されてきました。身体の生存に関することしか考えない「創造物」として存在することは、低い秩序によって生きるということです。ですからあなたは、身体の法則に従いエゴのマインドを受け入れる状態になり、エゴの注意は、低い秩序で生きることに注がれるようになりました。高い秩序を認識して招き入れ、「あなた」をその状態に保たせることができるのは、「あなた」だけです。高い秩序に目を向けることでしか、その秩序は明らかになりません。これが神の法則であり、愛の法則です。

2.11 これらの法則は、与えることと受け取ることは真に同一である、という単純なステートメントに要約できます。このステートメントは、一見述べられている内容よりもはるかに広い意味を持っています。そんなあらゆる意味合いについて第一部で触れましたが、その中でもっとも不可欠なものが関係性です。関係性がなければ、与える行為も受け取る行為も発生しないからです。

2.12 あらゆる関係性は創造主と創造物の間にあります。創造主と創造物の関係は、とどまることを知らない創造行為の中に現れます。あなたの全注目をその途切れることのない創造に向けさせるために、ここでは新しい思考法を「思考術」と表します。創造とは、これまであなたが応じてこなかったものと対話をすることです。あなたは、思考術によって自由に応じるようになります。

2.13 まず初めに、この応じる行為については二つの側面からとらえなければなりません。例を挙げましょう。例えば、夕日を見ることは太陽を見ることであり、空に広がる何色もの色や水平線を見ることです。またその周辺で降り注がれる光の中で雲が戯れる様子を見つめたり、暖かさや夕方の肌寒さを感じたりすることでもあります。そんなあらゆる経験には鳥の鳴き声、交通の音、波のリズム、心臓の激しい鼓動なども含まれるでしょう。夕日を見ることは、その眺めに圧倒された気持ちを愛する人と分かち合うことかもしれません。歩行中や運転中に夕日を見ることもあるでしょう。落ち葉を掃いているときや、オフィスの窓から夕日を眺めることもあるでしょう。臨終のヴィジョンとして夕日を見るかもしれませんし、幼児にとっては初めて見る夕日かもしれません。また、用事に追われているときに目にする当たり前の光景かもしれません。

2.14 夕日は、神からの贈り物です。確かに神からの贈り物です。ここまでが、夕日に例えられた、応じる行為の最初の部分です。

2.15 次の部分は、贈り物を受け取る行為についてです。贈り物が与えられたとき、あなたはどのように応じるでしょうか。

2.16 夕日は、人の経験の一部です。その経験は、低い秩序において、まず生存というあなたの必要性を示唆します。例えば、暗くなる前に安全に家に帰りたい、夕食を食べたい、といったさまざまなことのきっかけになります。夕日は周辺の自然界の変化を知らせ、鳥やリスや花々はそれに反応します。あるがままの存在に反応するのです。それが彼らの応答です。そのすべては、創造物から創造主への愛に満ちた応答と言えましょう。

2.17 けれども受け取って与えることで、この低い秩序における経験を超えることができます。第一に夕日は、あるがままに経験され認識されます。夕日は、あなたが人として、自然界の一部として、創造主からの贈り物として存在していることを示しています。第二に夕日は、関係性の中で経験されます。夕日はあなたに語りかけ、あなたも夕日に語りかけます。夕日はあなたを自然界につなげ、現在という瞬間にもつなげます。そして同時に、高次の世界と永遠なるものへとつなげます。夕日は分かち合われることで、これから夕日を経験する人たち、すでに経験した人たち、そのすべての人たちとあなたをつなげます。夕日は、あなたのためだけにそこにあるのではありません。応じなさいという呼びかけに耳を傾けることで、それはあなたへの贈り物になります。そして、それがあらゆる人々への贈り物でなくなることは決してありません。

2.18 最終的に夕日は、それを見るあなたの経験を通し、思考術を用いるよい機会となります。

2.19 思考術の基本的な法則は、次のようになります。第一に、人という存在、そして創造主からの贈り物であることを示す存在として、あなたがあるがままに経験して認識すること、第二に、その経験における関係性や、応じなさいという呼びかけ、かつあらゆるものに与えられているすべての贈り物の本質を認識することです。

2.20 この法則は、夕日の例との関連で幾分、初歩的に感じられるかもしれません。しかし人生のあらゆる面でこの法則を当てはめることは、最初は大変に感じるでしょう。けれども初歩的なことは一度習得すると、いつでも楽に行えるようになります。

2.21 人は、あるがままに経験し認識するために、一人の人としてその場に居合わせなくてはなりません。神の贈り物という存在として、あるがままに経験して認識することは、人としての経験を持ち合わせる聖なる存在として、その場に居合わせるということです。どんな存在でも、価値を否定されることはありません。人のあらゆる感覚や感情は、気づいてもらえることを求めます。しかし創造物という存在の裏には、常に創造主の承認が備わっています。

2.22　関係性と贈り物の本質を認識することは、融合に気づくことです。応じなさいという呼びかけに気づくことは、創造主のように創造しなさいという呼びかけに耳を傾けることです。「創造主のように創造する」という言葉は、思考術の定義として使ってもよいでしょう。

第三章　奇跡への呼びかけ

3.1　思考術を応用する最初の機会は、地上での経験の記憶と結びついています。言い換えると、自分の人生を形作ったとあなたが信じているすべてを追体験することに通じています。そうした機会は新しい学びの前兆に他ならず、あなたという存在の真実だけがとどまっていられるように、幻想を真実で置き換えるチャンスです。

3.2　幻想の経験と真実の経験がいかに異なるかを見ることは、エゴの思考と思考術がいかに異なっているかを見ることと同じです！　思考術はエゴの思考とは正反対のものです。

3.3　エゴのマインドは何事もあるがままには見ず、贈り物として欲しいものしか見ません。そして、たとえ欲しかったものでさえも、贈り物ではなく報酬だと考えます。エゴのマインドは、与えることと受け取ることは同じではなく、努力した分だけお返しをもらえると信じて物々交換をします。エゴは、贈り物ではなく報酬だけを見るため、贈り物が分かち合われるところを目撃できません。エゴには、関係性を見る余裕がありません。エゴは、「一人」で生きていると信じているため、高い秩序を見出せません。エゴはこうした理由から、真実を経験できず、幻想の中で生きています。

3.4　真実の経験が幻想を、つまりエゴのマインドを一掃します。思考術によって、エゴのマインドを完全な心に置き換えます。完全な心とは、ハートとマインドが融合し一体になったものです。

3.5 しっかりと防御されているものが、果たして拡張できるでしょうか。支配されているものが創造できるでしょうか。恐れに屈し続けているものが愛を知るでしょうか。恐れに基づいた生き方の根拠は、どれも信頼できないものになりました。それなのに、あなたはそれなしで生きようとはしません。なぜでしょう。エゴの思考のせいです。エゴのマインドは、己の生存のことしか考えていません。そしてあなたは、あなた自身の生存がエゴの生存にかかっていると信じて疑いません。あなたはなぜ真実が真実でないかのように生きることを納得したのでしょう。真実が真実でないかのように生きて初めて、真実はそのようなものではなく、これまで経験していない叡智に基づくものだと知るからです。

3.6 真に生きる唯一の方法は、信念を通して生きることです。不確実なものを信じるのではなく、あらゆることの本質を信じて生きることです。本質を信じるとは、奇跡を信じることです。奇跡こそ、あなたに今求めて欲しいものです。奇跡を求めるとは、信じる行為だからです。あなたは、奇跡を求めることは信念の欠如を示す証を求めることだと思っていますが、実はその反対です。いったいどんな奇跡が信念の欠如へと導くというのでしょうか。そのような奇跡は存在しません。

3.7 わたしは今、奇跡を求めなさいとあなたにお願いしています。

3.8 では、どのような奇跡を求めればよいのでしょうか。どれほど大きな奇跡を求めるべきでしょうか。あなたの信念はどのくらい大きいですか。どれほどの証拠が必要ですか。これは冗談ではなく、あなたの思考やあなた自身に関するあなたのマインドを変えるために、どんな奇跡が必要なのか真剣に考えなさいという、わたしからのお願いです。

3.9 この問いを通していろいろと考える際に、自分自身を観察してみてください。そこから、あらゆる恐れを取り除けるでしょうか。なぜその恐れに遭遇しなくてはならなかったのでしょう。より大きな奇跡が起これば起ころほど、ますます結果を恐れるようになります。結果は、あなたが恐れている世界に対してではなく、あなた自身に対して起こります。奇跡をお願いして叶ったあとはどうなるでしょうか。小さな奇跡をお願いして叶った場合、もっと大きな奇跡をお願いしておけばよかったと、どれほど悔やむでしょう。そうした選択肢が目の前にあるかと思うと、大概は慌てるでしょう。多くの人は奇跡を選ぶことをためらいますが、奇跡を選ぶことに同意するとなれば、「正しい」奇跡を選びたくなるものです。こうしたエクササイズは、自分自身に関する別の考えをもたらすものとしてとらえられるため、あなた方の中には、どんな奇跡なら自分は一番納得できるだろうと考える人もいるでしょう。例えば病気の治療法を求めるとき、その治療法が科学の発見や病気の自然経過によるものではなく、奇跡によるものだということをどのように知るのでしょうか。どんな奇跡なら何の疑いもなく、それは奇跡だと思えるでしょうか。あなたは、疑いようのない奇跡を選びますか。そんなシンプルな奇跡とは、水をワインに変えることかもしれません。そこからどんな損害が生じるでしょう。けれども、あなたはそんなことにさえも恐れを抱きます。奇跡をお願いして叶ってしまうと、奇跡を行う自分の力について考えざるを得なくなるからです。このときあなたは、他の何よりも自分の力を恐れていることに気づきます。

3.10 第一部で述べたように、意志は確信を必要とするのではなく、確信へと導くものです。十二使徒は、自ら奇跡を行える力を信じていませんでしたが、奇跡を行おうとする自分たちの意志を信じ、その信念を見せてくれました。奇跡が彼らの存在を祝福するかのように彼らの内側を通り過ぎたとき、彼らの小さな意志は確信に変わりました。

3.11 わたしはここで、あなた方の誰一人も失いたくありません。けれども、あなたはすでにあなた自身の損失を見ています。それがあなたの恐れです。奇跡に対する恐れが大きければ大きいほど、奇跡を行えないことに対する恐れが増していきます。あなたはこれを合否のある試験のようにとらえています。その試験に合格するには自分の実力を直視する必要があり、不合格となれば自分の実力のなさを直視せざるを得なくなります。奇跡をそのようにとらえると、奇跡を願ったのに叶わなかったという場合、それまでやってきたすべてを否定し、疑心暗鬼の状態に後戻りしてしまうことになるのではないでしょうか。すると、結果がどちらに転ぶかわからないのなら、試して失敗する危険を冒すよりはまったく試さない方がまし、ということになってしまいます。

3.12 しかし繰り返しますが、それもまた、無駄な望みではありません。あなたが納得するために必要なら、わたしはどんなものでも提供します。例えば一刻を争って恐れを手放し、融合に回帰しなくてはならないような緊急を要する状況を提供します。こうした例は、あなたが今なお奇跡を恐れていることを明らかにしているのではないですか。

3.13 それらもまた、取り消すための手段です。恐れるすべてをあるがままに受け止めて脇に置く選択をしないいま、それらに背を向けられるでしょうか。

3.14 恐れの方が意志よりも大きいなら、恐れるすべてに今すぐ背を向ける必要はありませんが、そうすることもできるということは覚えておいてください。あなたが納得できるように、必要なものが与えられます。例えば、早急に融合へと回帰しなければならない状況などです。あなたは今すぐでなくとも間もなく、最後の選択をするよう求められるでしょう。その選択とは、よきことのために恐れを去り、本当の自分に戻ることです。

3.15 本当の自分とは、奇跡を行う者のことです。奇跡を行うことがあなたのすべてではありませんが、それは真のあなたの基礎であり、もっとも早く本当の自分に気づく方法です。『奇跡のコース』で言われているように、奇跡は時間を節約する手段です。奇跡を選びなさいとあなたに求めることは、『奇跡のコース』で述べられている、奇跡を願う際のあるルールに反しているように感じるでしょう。けれども、愛への帰還が極めて必要であることから、思い切った手段が求められています。

3.16 あなたが奇跡に対して抱く反論を一つずつ見ていきましょう。すると、あなたのあらゆる恐れの源と奇跡の源が明らかになるからです。

3.17 第一にあなたは、奇跡に対する反論はなく、奇跡はただ自分を通して行われるもの、かつ奇跡を行う意志がないのは、奇跡を行えるだけの価値が自分にないからだと述べるでしょう。自分に価値がないという思いは、自分は人に過ぎないという信念から生じています。あなたは、自分は神でも神聖な人でもないのだから、奇跡が自分から生じるべきではないと思っています。

3.18 第二にあなたは、奇跡を選択しなさいと言われることに反論するでしょう。確かにあなたは、奇跡が他の世界に与えるあらゆる結果を知ることはできません。もし誰かが生き延びることを願うとしたら、あなたはどのようにして、その人が死ぬのは今ではないと知るのでしょうか。誰かの病気が治ることを願うとき、その病気がその人のさらなる学びにならないことをどのように知るのでしょう。宝くじに当たりますようにと願うとき、そのような自己中心的な願いは、罰せられずに済むでしょうか。

3.19 第三にあなたは、より信じるための証拠がなければ自分の信念が揺らぐ、と思っていたとしても、その証拠が必要だと言われることには嫌悪感を覚えるかもしれません。

3.20 第四にあなたは、神は思いつきで奇跡をもたらすと言われると、たじろぐかもしれません。同様に、自分の力を確信するといった夢のような考えにもたじろぐでしょう。なぜこんなことが重要なのでしょうか。あなたにそんな力があったとしても、それは確実に神の力であり、その力の保持を達成する上であなたが必要というわけではありません。そんなものには関るべきではありません。そんなことを考えるだけでも、この世のものではない力や魔術へと導かれてしまいます。必ずそうした考えには、光と同時に闇があります。あなたは今、疑い始めています。その疑念によって、これまで大切にしてきたすべてが脅かされています。

3.21 こうした考えは、聖性を汚す考えと隣り合わせにあります。奇跡はイエスや聖人の領域にあり、確実にそこに属しています。奇跡を要請することさえも異端です。

3.22 あなたは、奇跡が何かを知らないことを、そしてそれゆえに奇跡を起こせないことを恐れています。まずは奇跡の定義が欲しいと思っているのです。では、奇跡と呼ぶにふさわしい奇跡とはどんな奇跡でしょうか。誰のために奇跡は求められるべきなのでしょう。その基準は何ですか。奇跡はどのようになされるのでしょう。奇跡は一度に全部生じるものなのでしょうか。それとも幾度かに渡って起こっていくものなのでしょうか。すでに起こってしまったことの訂正は、どのように生じるのでしょう。あなたは奇跡を選ぶための答えがないまま、たくさんの疑問を抱えています。

3.23 あなたはさらなる恐れに説き伏せられるかもしれません。けれどもまずは、奇跡を選ぶ際に誤った選択をするかもしれないという恐れについてだけ考えていきましょう。この恐れは、足りないことに対する恐れと同じです。確かに奇跡を一つ起こすことは幸運なことですが、その奇跡を証明できなければ、それはいとも簡単に無視され片付けられてしまいます。確かに、一つの奇跡が起これば別の奇跡も起こり得ると信じることは、どこかしっくりこない高尚な考えを持つことのように思えるでしょう。あなたの思いが今、数々の奇跡を行う方へと踏み出すかもしれませんが、そうなったとき、どれほどの大騒ぎになるでしょうか。あなたは、至るところでさまざまな苦悩を終わらせるために引く手あまたになるでしょう。でもそんな状況が可能であるときも、あなたはそうはなりたくないと思うはずです。ここで必要なのは、あなた自身の助けではなく清廉な魂による助けです。

3.24 こうした一つひとつのシナリオで下された選択やその根拠、またはその根拠のなさがわかりませんか。あなたは立派ではありません。聖人や神のようでもなければ神聖でもありません。あなたは誤った選択をするかもしれませんし、仕返しをするかもしれません。身勝手に振る舞うこともあるでしょう。あなたの信念のなさが証明されるかもしれません。あなた自身が高尚な考えに圧倒されることもあるでしょう。

3.25 つまり、さまざまな根拠があるために、あなたはあまりにも怖くて挑戦できずにいます。要するに、意志がないだけではなく、意志を持たない理由をたくさん抱えています。わたしたちがここで行ってきたのは、恐れを光へ運ぶことです。あなたは、自分が恐れを抱いていることにも、その恐れを手放すことを自分が怖がっていることにも気づいていませんでした。

3.26 わたしたちは、エゴの考えではなく思考術を取り入れ、恐れの一つひとつに取り組んでいきます。

第四章　宇宙の中心

4.1　わたしは、奇跡を求めなさいとあなたにお願いすることで、本当のあなたを称え、奇跡を願う心の状態にあなたを迎え入れます。その状態を拡張するもの、それが思考術です。思考術は奇跡と言えます。

4.2　だからこそ、わたしたちは、恐れの幻想や特殊な性質を持つ幻想を一掃しなければなりません。あなたは、特定の奇跡を求めるようにお願いされていたわけではありません。あなたの思考は自然と具体的なものについて考えるようになっていますが、それはエゴの指示で身につけた思考が習慣になっていることを示しているに過ぎません。解説Ⅰでは、あなたのあらゆる思考があなたの真実を示す奇跡になるよう、その習慣を変えていかなければなりません。解説Ⅰであなた自身の指示は完全にわたしの指揮下となり、あなたはエゴの指示を無視できるようになるでしょう。

4.3　『愛のコース』の第一部は、祈りとともに始まりました。『奇跡のコース』は、奇跡の定義から始まりました。両方とも同じです。祈りと思考術も同じものです。この事実からも、わたしがあなたにお願いしていることが、古い習慣によって知覚されてきたことよりもはるかに大きく、一般化できるものであることが明らかでしょう。奇跡とは思考の仕方とも言えます。これからその新しい思考の仕方を学びます。奇跡とは、与えることと受け取ることが同じで祝福が絶えず生じている状態です。それがあなたの自然な状態です。

4.4 わたしたちが見つけた思考術の法則は、どのように真のあなたの奇跡をもたらすのでしょうか。最初に見つけた手段は、あなたが人という存在、そして創造主からの贈り物という存在であることを示すものとして、あるがままに経験し認識するというものでした。奇跡というものをより正確に把握した今、同様に真の自己についても正しく認識する必要があると考えなくてはなりません。それが第一部で掲げた目標でした。真のあなたを認識するからといって、人として、かつ創造主の贈り物としてのあなたの存在が、否定されることはありません。夕日を思い出してください。神の栄光であるあなたが、太陽よりも小さな存在であるでしょうか。これは、夕日と同様に真の自己にも気づいてくださいという呼びかけです。

4.5 太陽があなたにとって単に物体であるなら、夕日から影響を受けることはないでしょう。この上なく赤々と燃え盛る夕日であったとしても、太陽はあなたにとって物体以外の何物でもないわけです。真の自己も同じです。真の自己を身体という存在にしか思えないとき、あなたは、ほんの少しだけ物体以上の存在という程度でしか真の自己をとらえていません。

4.6 思考術の二つ目の法則は、関係性を認めること、応答が求められていることを認めること、さらにあらゆる贈り物があらゆるものに与えられていることを認めることです。これは自分が関係性の中で存在していると気づき、その関係性が応答を求め、すべてが自分に与えられているように、自分もまたあらゆるものへと与えられていることに気づいてくださいという呼びかけです。

4.7 これはあなたが宇宙の中心になるという意味なので、思考の習慣に大きな変化が訪れるでしょう。

4.8 そのときのあなたは、エゴのあなたとはまったく異なる存在です。エゴは創造を模倣し、エゴあるいは身体のあなたを思考体系の中心に据え、その中心から分離した自己を称えたり虐げたりする考えをいろいろと生み出します。このようにエゴに服従するからこそ、エゴは「人の法則」を作り出せるようになりました。こうした人の法則は、身体を生存させるための法則です。

4.9 神の法則のもとであなたのすべきことは、人の法則のときとはまったく異なります。あなたの責任があるべきところに置かれると、つまり応じなさいという呼びかけに責任を担うと、外側に向けられていたあなたの思考は解放されます。このように応じることだけが、あなたが唯一与えられるものであり、与えるようあなたに求められているものです。それは真の自己、つまり正しく認識された自己から生まれます。

4.10 今、自分がしなければならないと感じるすべてを思い起こしてみてください。すると、このレッスンがより鮮明になるでしょう。まず身体の生存に関する心配事が次々と浮かんでいる間は、あなたの思考は他者を他者にとどめておこうとする思いを見逃します。あなたは彼らに対してではなく、彼らのために応じようとすることで、彼らを他者の領域にとどめます。ですから、あなたはこれまで本当の自分を大事にするのではなく、外側の世界を大事にすることが自分に課された責任だと思ってきました。

4.11 ここで述べる「応じる」「しなければならない」「責任」という言葉は、それぞれ入れ替えることができます。これは偶然ではありません。あなたの使命は応じることですが、あなたはそれを、責任を負うことだと誤ってとらえてきました。責任という考えは、神の力を奪おうとするエゴのマインドから生じています。受け取り手に責任を負わせる形で届く贈り物などあるでしょうか。

4.12 あなたは、そういう贈り物はたくさんあると答えるかもしれません。このコースで定義された贈り物だけでもさまざまあります。その中でも一番わかりやすいものが、子供たちや才能かもしれません。贈り物に対する責任という考えが、あなたを憂鬱な気分にさせてきました。もう一度言いますが、あなたの使命は応じることで、責任を負うことではありません。思考が責任感で縛られているときに、自由に応じられるでしょうか。

4.13 責任という言葉は、必要のない後ろ盾を暗に意味しています。また、あなたなしでは満たされないという必要性を暗に示しています。応じる行為は与えられるもので、ゆえに偽りのない行為とも言えます。それは自然な行為であり、与えることと受け取ることが同じことを示しています。責任とは、要求されて行う必要な行為であり、義務です。応じる行為は内側から生じますが、責任を果たす行為は外側の世界に対処することしかしません。両者は同じ結果や似た行動をもたらすかもしれませんが、それらの違いに気づかなくてはなりません。チャリティは責任であり、愛は応じる行為です。この違いがわかるでしょうか。責任感のない父親が、愛を与え損ねるということがあるでしょうか。ダンスの喜びを経験していないダンサーが、才能を磨くために努力できるでしょうか。

4.14 創造主は創造物に対して、責任があると思いますか。創造主に対してそのような考えを持つことは、エゴの逆転した思考を用いて創造主について考えることになります。こうした思考のせいで、あなたは自ら「善悪」のレッテルを貼りつけた物事に関し、神を責めたり称えたりしているのではないでしょうか。このような創造者は、自由意志という概念に反してはいるのではないですか。

4.15 ただ、創造者が創造物に応じないというなら、それはあまりにも滑稽です！　そのような行為は、創造の法則や愛と対極にあります！

4.16 わたしがあなたに奇跡を選びなさいと頼むとき、それは神の創造が真のあなたに応えていることに耳を傾けてくださいというお願いです。これを聞いてどんな感じがしますか。どんなものに思えますか。神からの応えとは、愛と純粋な感謝です。それはいつでも手に入ります。エゴの解釈という障害を持たずに周りを見渡すとき、その贈り物は目にするあらゆるものの中に見出せます。

4.17 エゴの解釈について少し話しましょう。あなた方は一人ひとり五感を用いて異なる解釈をします。そして、それぞれの解釈には何らかの意味があります。あなたが決めた解釈は、あなたが独立した思想家としてそれぞれに何らかの価値を与えたことを示します。また、他者の解釈が助けとなり、その解釈のおかげで時間を節約できたり、自分の見解と他者の解釈が一致したりするならば、他者の解釈を受け入れられるという人もいるでしょう。あるいは、すべてにおいて自ら解釈せずにはいられないという人もいるでしょう。ここで話をやめると、解釈することと応じることがとても似た印象になり、真実でないものを信じ続けてしまうことになります。

4.18 そうならないように思考術を教えています。真実は真実です。真実は、あなたの考える真実の定義には左右されません。応じることは解釈することではありません。応じるとは真のあなたを表現することであり、あなたが信じる他の何かを表現することではありません。

4.19 あなたは出来事や感情を解釈することで、それらに意味を与えられると思ってきましたが、もう一度考え直してみてください。それらの意味はすでに存在しており、あなたが決めるものではありません。意味の決定は、あなたがすべきことではありません。あなたは、状況や湧き起こる感情を解釈すれば自分という人間を定義できると思ってきましたが、もう一度考え直してください。エゴの考えを当てはめるのではなく、思考術を応用する意志を持ってください。解釈は、あなたが経験したことに関するあなたの意見を生むだけです。真に応じれば、真実が明らかになります。あなた自身の真実が、そこで明らかになるからです。

4.20 あなた自身の解釈から生まれたと思われる喜びは、あなた自身の応じる行為から生まれる喜びに比べれば、つまらないものです。けれどもまず解釈する癖をなくさなければ、応じる行為は身につきません。わたしには、あなたが解釈することと応じることの違いを知らずにいれば悩み続けることがわかっています。そうならずに済む唯一の方法は、思考術を実践し、解釈することと応じることの違いを学ぶことです。

4.21 すでに述べたように記憶を追体験することで、思考術を学ぶ最初の機会が訪れます。それは人生がもたらすレッスンを再び経験するチャンスですが、もしそれに応じるのではなく、それを解釈する態度で臨むなら、ただ同じレッスンを同じ方法で再体験するだけで、それは「新しい」経験にはなりません。必要なのは、解釈ではなくただ応じること、それがまず何よりも求められています。応じない状態を繰り返してはなりません。こうしたレッスンをおさらいしているのは、以前と同じ反応や解釈を繰り返さないためです。エゴの考えを使うのではなく、思考術を応用できる可能性があるからこそ、こうしたレッスンをやり直しています。思考術はあなたの真実を明らかにします。エゴの思考は、かつてあなたがこうしたレッスンに与えた意味をただ再解釈するだけです。

4.22 思考術とエゴの思考の違いは厄介です。あなたには、過去のレッスンを再解釈する上で必要な自らの成長を称える習慣があるからです。何かに対して新たな意見を持つと、心が開き成長した感じがしますが、真の自己を明らかにするには、自画自賛の根拠を求める思いを脇に置きましょう。「真実が明らかになる」とは「真の自己が明らかになる」という意味です。

4.23 「明らかになる」という表現は、思考術から教わり学ぶ様子を的確に言い表しています。その状態は勉強や努力や再解釈することではなく、啓示を通して実現されます。

4.24 啓示とは、神との直接的なコミュニケーションです。ある意味、それはあなたがまだ知らない真の自己と直接対話をすることを意味します。真の自己は常に創造主とともにいます。

4.25 以前の奇跡に関する説明と同様に、啓示についても説明しなくてはなりません。あなたは奇跡を選びなさいと言われることで、あなた自身が抱える恐れを明らかにする手段を与えられています。自分の恐れを否定する人は少ないでしょう。奇跡を怖がらずに喜んで受け入れる人はもっと少ないでしょう。あなたはもう察しているかもしれませんが、わたしたちは今、あなたの最後の恐れに取り組もうとしています。最後の恐れとは、あなたの内側のもっとも深いところに隠された、あなたも知らない恐れです。自分はそれほど恐れていないと発言する人でさえも、一番奥深いところには恐れが埋もれています。ですから恐れの有無に関わらず、あなたの足を引っ張るすべてがわかるまで、今しばらくわたしに注意を向けていてください。

4.26 第一部で述べたように、あらゆる恐れは自分自身に対する疑念です。これについてさらに詳しく見ていきましょう。真の自己に対する疑いは、神に対する疑いだからです。神は愛の源に他ならないので、あなたは疑うことで、神を恐れの源に仕立て上げました。ここで一度立ち止まり、それがいかに大きな混乱であるかということを深く理解しましょう。このように考えることが思考の逆転であり、あらゆる道を切り開くからです。あなたは混乱していたため、神の創造に恐れで応じてきました。ですから今、新しい方法で応じなさいと言われているのは当然だと思いませんか。

4.27 聖書の翻訳書や宗教のさまざまな文献において、畏敬という概念や言葉は、恐れと混同されてきました。『奇跡のコース』では、畏敬の念は神から与えられるものであり、奇跡やその他の物事や存在によるものではないと述べています。わたしがこう指摘するのは、この混同が何ら新しいものではなく、あなたの一部と言えるほどあなた方の中に深く根づいているからです。はるか昔から、恐れは神と関連していました。わたしはこの考えを逆転させるために現れ、神の愛を示しました。けれどもわたしが明らかにした事実は、地上でのあなたの経験と上手く調和しませんでした。それらを調和させることが今、わたしたちがしなければならないことです。そのために、恐れに終わりを告げるとともに奇跡の時代の到来を告げましょう。

第五章　愛の選択

5.1　はるか昔からいくつもの時代に渡り、無数の形によって神の愛が明らかになったというのに、なぜ神に対する恐れがまだあるのでしょうか。考えられる答えは唯一、真の自己に対する恐れの存在です。

5.2　今、思考術の最大限の力を用いて、この二重の恐れを注意深く見極めなければなりません。恐れの要素の一つは、人としての経験にまつわる部分、もう一つは、聖なる経験にまつわる部分です。

5.3　第一部で、創造は完璧であるにも関わらず、創造の中で何かがおかしくなったことが創造の最たる矛盾だと述べました。わたしはそのとき、一つ目の人としての経験にまつわる恐れについて述べました。ここで特に伝えておきたいことは、人は生きる上で苦しみを選択しているということです。わたしが苦悩は幻想だと述べているのに、あなたはまだ苦しみに対する恐れを鎮められずにいます。そして苦悩から目をそらすことも、ハートの思いを引き離すこともできずにいます。わたしは愛という選択があることを伝えにやってきました。あなた方一人ひとりは、そうした苦しみを終わらせる選択をしなければなりません。しかし、苦しみの幻想はずっと続いてきました。その幻想が続いているゆえに、愛を選択することが不可能に感じます。もし至るところで目にする苦しみがなければ、すでに愛の選択はなされ、愛の選択がなされていたのなら、苦しみを目にすることはなかったでしょう。これが矛盾です。

5.4　恐れの二つ目の要素は、聖なるものに対する恐れです。この種の恐れには、人という状態への恐れに通じるものがあります。創造する中で苦悩が生じるとき、創造する行為そのものを恐れずにいられるでしょうか。そうした恐れには、第一部で多くの時間を費やした、融合への恐れに通じるものが含まれます。つまり全と無、永遠と虚空を理解できない人間のマインドに潜む恐れです。あなた方の思考体系は狂気だと言われていますが、あなたは真実に近づけば近づくほどその狂気が増すのではないかと恐れています。あなたは心のどこかでこうしたわたしとのコミュニケーション自体が狂気であり、奇跡について真面目に考えることさえも狂気であると思っています。同時に、現在の自分には力の及ばないヴィジョンや能力を迎え入れながらも、それらを恐れています。

5.5　このような全と無への恐れは、神、生命、創造、そして真の自己への恐れです。それらには全と無しかないからです。

5.6　あなたはどこかでそう気づいていながら全のすべてを恐れ、無の虚しさをも恐れています。ある場所から「何か」に向かって進んでいるように感じつつ、どこにいてもその場が実在しているとは心から思えません。幸運な人は、こうした中間地点を冒険ととらえ、そこでの探求を喜ばしく思います。あなたは、そんな幸せな状態を終わらせたくはありません。実際、その中間地点から学べることは非常に多くあります。それでもそこはまだ、スタート地点に過ぎません。

5.7　全生命は実のところ、あなたが全と無の「中間」に作り出した幻想ととらえることができます。あなたはその中間地点では落ち着いていられますが、境界線では無理をして前進するしかないと感じます。けれども無理に進めば、逆にその境界線は維持され、抵抗をもたらし兼ねません。この中間地点で「何か」を探し、そこから抜け出せなくなると、見つけられるはずのあらゆるものを認識できなくなります。そして、自分が属する無を認識することも不可能になります。

5.8 真実を経験するには、実在する状態に移らなければなりません。**無は全と同じくらい実在し**、今後あなた方が経験する、あるいはすでに経験した、「魂を覆う闇」として体験されます。自分が無に属していると気づくことは、自分が全に属していると気づくことと表裏一体です。

5.9 もう一度言いますが、あなたが今いる幻想という中間の状態は、あなたの身体とエゴの思考によってのみ、実在しているように感じるものです。そのように実在しているように感じられるものと、真に実在しているあなたという存在を、ここで再び区別しなければなりません。あなたが実在していると思う思考体系の中には、このコースで何度も定義してきたハートが存在しなくてはなりません。あなたにとってはエゴの思考体系こそが真に存在するものに感じられるからこそ、ハートはエゴの思考体系の中に封じ込められていました。したがって真の自己が現れる場所は、真に実在する領域ではなく、幻想の中だったのです。だからこそあらゆる探求は、真の自己が宿るハートに向かって方向転換しなければなりません。あなたをエゴの思考体系から解放する以外に、あなたを自由にする方法はありません。エゴの思考体系からあなたが解放されることを阻止するものがあります。それこそが、このコースを学ぶ上であなたが経験している難解さであり、このコースが難解である理由です。解放されて振り返ったとき、その一つの選択がいかに容易であったかわかるでしょう。

5.10 したがって、あなたがこれぞ「自分」だと思っている身体は、ハートの存在なくしては何も経験していないも同然です。地上での「経験」を引き起こしている唯一のもの、それがハートです。エゴの思考体系から解放されると、あなたはハートが自分の経験を引き起こしていることに気づくので、ハートがあなたの経験を決定していくようになります。これが、マインドとハートが融合して完全な心になるという意味です。そして本当のあなた、あるいは本当のあなたの中心部分が、唯一、実在する真実の思考体系とつながります。真実以外のものを土台とする思考体系が、どうして幻想以外のものへと導けるでしょうか。

5.11 あなたが経験している「ここ」は、エゴのマインドが指示したものです。あなたはそうした経験のせいで、自分は本当の自分とは異なる存在だと思い込んでいます。さまざまな言い方で繰り返しましたが、エゴの終焉が今、完了されなければなりません。

5.12 あなたに最終的に納得する方法を選ぶようお願いしてきたのはそのためです。あなたは、新しい思考体系による現実を「経験」しなければなりません。そうでなければ、新しい思考体系はずっと理論上のものになってしまいます。新しい「経験」をするには、古い思考体系の土台となっている恐れを手放さなくてはなりません。

5.13 思考術を使って古いものを新しいものに置き換える意志を持つことで、新しい思考体系による「経験」が訪れます。こうした経験は初めのうちは学習して得られるものなので難しく感じられるかもしれませんが、マインドフルな状態を実践することでしかそれは習得できません。マインドフルな状態が思考術の記憶を蘇らせます。

5.14 マインドフルな状態や完全な心という表現は、マインドとハートの融合を別の言い方で表したものです。マインドフルな状態は、記憶を取り戻す助けになります。完全な心は、神の法則と人の法則の和解を促します。あなたは、マインドフルな状態を通して本当の自分を思い出し、完全な心を通して本当の自分でいられるようになります。

5.15 こうして奇跡の時代に足を踏み入れ、苦悩を終わらせ、愛に帰還していきます。

第六章　祈りとは

6.1　エゴの思考体系は学習された体系なので、それを取り消すことは可能です。真実の思考体系は、常にそこにあります。真実は常に存在し、学ばれることも取り消されることも不可能だからです。ですから、学習してしまった思考体系が気づきを妨げることをやめれば、たちまち真実の思考体系が現れます。

6.2　それはどのように起こるのでしょう。思考術を祈りとして身につければ、起こります。記憶について、そして創造の記憶に関わる、再生と思い出す行為については、すでに述べました。祈りとは、聖なる記憶を再生して思い出すことです。聖なる記憶は、聖なる結果を生み出さずにはいられません。別の言い方をすれば、祈りが真実を再現し、真実を真実のまま存在させます。祈りとは、意識して融合を選ぶ行為だからです。融合を選ぶと、実在しない中間の状態から、実在する「全」の状態に移行します。実在する状態からしか何かが真に生まれることはありません。

6.3　ですから祈りについては、意識的に融合を選ぶ行為であると再定義しなくてはなりません。この定義なら、生きることがどのように祈りになるのかわかるでしょう。このとらえ方は、祈りが、絶えずお願いして答えをもらい、その答えに応じる行為であることを否定しません。そんな祈りの一面があるからこそ、祈りは、創造する行為だと言えます。

6.4 祈りと奇跡を正しくとらえることができると、その二つは協力し合います。融合が何であるかを忘れないでください。融合とは、マインドとハートが一つになり完全な心になることです。つまり、「あなた」と「真の自己」がつながることです。真の自己とつながるとは、神と融合することです。祈りの古い概念に注意を向けないでください。神があたかもあなたから分離し、特別なコミュニケーションでしか手の届かない存在であるかのような祈り方で神に到達しようとする、古い概念に向かわないでください。きっとあなたは、そのような祈りがどのように生じたのか理解できるでしょう。これまで学んだように、そのような祈りは、たとえ真実に近かったとしても、決して真実ではないからです。

6.5 分離している神に到達する手段としてのみ祈りを「用いる」ことは、使用不可なものを使おうとしているようなものです。これまでは、祈りとはそういうものだと信じられてきました。神に到達しようとすることは、少なくとも手を伸ばした先に何かがあるという認識を持っていることを示しているからです。長い間、そんな考えを通じて神や真の自己との関係に向き合おうとする人々には、祈りに関する古い考えによって道が開かれてきました。けれども、わたしたちが話している祈りの概念とは、そのようなものではありません。それはいわゆる生き方でもなければ、思考術に例えられるようなものでもありません。古い祈りはハートとマインドの一方から発せられ、完全な心の力を持っていません。つまりそのような祈りは、分離した自己の現実である恐れの状態から発せられています。

6.6 恐れから祈りを行っても、それはまったく祈っていないも同然です。祈りに必要な融合を選んでいないからです。恐れから発する祈りは、欠けているものや欲しいものを、実在しない状態から求めます。それに対し、真の祈りは融合から生じます。そしてそれは創造する手段、聖なる記憶を思い出す手段、聖なる記憶を現在の経験に変容させる手段になっていきます。

6.7　今や記憶は、わたしたちにとって有益なものです。それは、知覚を頼らないからです。もしわたしたちに知覚しかなければ、一つひとつの経験はただ始まって終わるだけで、他の何かと関わる力を持たないでしょう。記憶がなければ、せっかく学んでも、次の瞬間にはそれは存在しません。誰かと出会っても、次の機会にはその人を知らないわけです。つまり、記憶によって関係性が生まれます。記憶という過去の経験とのつながりが、一人ひとりをユニークな存在にします。家族は、同じ方法でなくても似たような経験を数多く共有できます。このように記憶を通して経験は関連し合い、さまざまな個性や道のりが形成され、一人ひとりのこれからの経験が生み出されます。

6.8　では、すべてを包括する新しい考え方で過去の経験を思い出すとき、何が起こるでしょうか。異なる個性が一つになり、さまざまな道のりが一つになります。そして、未来の経験が一つになります。平和は、このようなワンネスの中で永続します。

6.9　ワンネスの状態に達すると、聖なる記憶が蘇り、知覚を置き換えます。それが奇跡を願う心です。あなたはその状態に達するためにここにいます。それが真の自己に戻るということです。その状態は、キリストの再臨を通し、つまり二つの世界をつなぐエネルギーを通し、天国へ戻ることを告げます。

第七章　苦しみと新たな学び

7.1　この世界の状態は、苦難ととらえられています。本当の自分にとって、世界は到達できない場所に見えるからです。あなたは何においても望むようにできず、生きたいように生きられず、やり遂げると決めたことすら達成できないという意味において、その無力さこそが自分なのだと思ってきました。こうした苦難が前提になっている状態を正しく見るには、まず融合した真の自分を知覚できていないことを受け止めることです。しばらくの間、目指しているすべてを頭の中から取り払ってみてください。達成できていない、完了できていない、という思いがあるでしょう。何かをなし遂げたら自分という人間は完成され、欠落感がなくなるだろうと幾度となく思ったことを思い出してみてください。もっとも成功した人たちでさえ、求めていた満足感や安らぎが世俗的な成功から得られないことを思い知りました。

7.2　誰よりもスピリチュアルで神のような人でさえ、苦しみを受け入れています。本当の自分の真実を可能な限り理解している人でさえ、苦しみを受け入れています。ここで大事なのは、わたしが「受け入れる」という言葉を用いていることです。彼らは、苦しみを痛みではなく人の自然な一部ととらえ、その部分が「受け入れる」ことを望んでいると思っています。だからこそ苦しみを終わらせるのではなく、苦しみの中で安らぎを見つけます。こんなことを受け入れてきたのは、魂が形を選んできたという信念のせいです。正確には、魂は存在するために「欠けた」形を選んできたと言えます。そしてさらに、苦しみという選択肢があることを信じてきたせいだと言えます。ゆえに罰ではなく学びの道具として苦しみを受け入れているのかもしれませんが、そんな誤った考えを受け入れているからこそ、苦しみを招いています。そんな信念のもとでは、善に対し悪が、混乱に対し平和が、恐れに対し愛があるというように、対比をして学びを受け入れます。そうした信念は、一方の闇ともう一方の光の間に位置します。いかなるときでも、光と闇はそのどちらか一方だけが存在し、決して同時に存在することはありません。ですから、健康でなければ病気、平和でなければ対立、真実でなければ幻想というわけです。こうした信念は、たった一つの現実があること、かつその現実はあなたがいるところでなければならないことを受け入れません。

7.3 わたしたちは、そうしたあらゆる信念からあなたを引き離し、信念を一切除外した「知」へと移行させます。

7.4 確かにわたしは、対比はホーリースピリットが好む教えの道具だと言いました。また、キリストが再臨するときがきているとも述べましたが、ホーリースピリットの時代が終わるとは言いませんでした。わたしは例え話の時間は終わりを迎えたと述べ、歴史上の人物をこれ以上手本として見ないよう言いました。そして新しい学びの方法が必要で、それはここにあるとも言いました。**古いやり方に頼っていると、その方法がどんなに効果的で真実を語っていたとしても、**新しいことを学べません。

7.5 あなたはこの新しい学びを可能にするために一歩一歩前進し、新しいレベルに達し、別の見方で見る力を得ました。それらを有効に使わなければ、何のためにこの新しい学びがあるのか気づきはしないでしょう。人として理想の幸せや満足を得られるかもしれませんが、人という存在を超えることはないでしょう。

7.6 だからこそ、人としての新しいあり方についてこれから話さなくてはなりません。わたしたちは人と聖なる存在の不和を和解させなければなりません。つまり、わたしたちは肉体化について話さなければなりません。

第八章　生まれ変わりと復活

8.1　わたしは、人と聖なる存在が融合し、神の言葉と神の意志を具現させた存在として称えられました。わたしは、あなたとわたしが何も違わない存在だと述べてきましたが、今再び、わたしたちは何も変わらぬ存在であることをあなたに呼びかけます。

8.2　わたしは、人として苦しみ、死んで埋葬されたのち、真の自己として復活を遂げました。**わたしは復活そのものであり生命そのものです。**肉体を持ったわたしは、神の意志を形にした存在でした。あなたも同じです。神は生命の与え手なので、生命は神の意志でもあります。けれども、あらゆる人のためになされたわたしの復活により、生命の意味と実態が変わりました。あなたはそのことに気づいていません。復活によって大掛かりな分離の実験が終わりを迎えましたが、あなたはまだそれに気づいていません。今や復活と生命は一つであり、同じものです。

8.3　たとえそれらが同じでも、この変化が大々的に自動的に皆に知られるわけではありませんでした。変化とは、時間をかけて気づかれるものです。あなたが気づいていなくても、変化は毎日あなたの周りで起きています。あとで振り返ったとき、やっとそれが大きな変化だったとわかるものです。ですから、歴史的な出来事の真実も、時間とともにその理解は変わっていくものです。本当は何が起きたかという真実に気づくまで、百年、千年、あるいは二千年かかるかもしれません。これまでさまざまなバージョンの真実が受け入れられてきましたが、真実は一つしかありません。何かが起きたり変化したりしても、真実は一つです。真実に対してさまざまな解釈が生じても、真実は時間の中で一つであり、永遠に一つしかありません。

8.4 二千年もの間、真実はあなた方に理解されないまま存在していました。わたしはその真実を明らかにするために今、あなたのもとを訪れました。生命の本質が、復活によって変化しました。**わたしは復活そのものであり生命そのものです。あなたも同じです。**

8.5 わたしは今や、分離に悩まされることはありません。あなたもまた、分離に悩まされる必要はありません。復活によって、わたしが以前持っていた肉体という形に生命が吹き込まれたのではありません。わたしは復活によって、皆の中に存在する復活したキリストという形を通して、あなたの中に蘇りました。復活はそのようにあなたにもたらされました。わたしは、誕生ではなく復活によって、神の言葉を具現化した存在になりました。これは「言葉が肉体になった」という、これまでの肉体化の定義を混乱させるものに思えるでしょう。あなたは、わたしが誕生を通して肉体になったとき、神の言葉や全能という定義を肉体が受け継いだと理解しました。けれどもわたしの生と死は、神の言葉によって生じたのではありません。神の言葉は「我ここにあり、生命は永遠である」というものだからです。わたしの復活によって、あなた方一人ひとりの中で神の言葉が肉体化しました。わたしのあとに生まれたあなたは、かつてのわたしでなく、今のわたしと同じ存在です。これは人の進化という観点からも理にかなっているのではないでしょうか。**あなたは復活した生命です。**

8.6 このことがあなたの思考とどう関連しているのでしょうか。あなたは、神と人が融合した「神人」として再び生まれました。復活は、人と聖なる存在が融合する原因にも結果にもなり得ます。そして、それはすでになされています。そのようにしてイエスという人はキリストになりました。原因と結果はそのように作用します。

8.7 では、一人が復活した方法がどのようにして「唯一の方法」となったのでしょうか。あなたがたどるべき道や手本を、復活はどのように提供しているのでしょうか。そこで、復活と肉体化の関連性、つまり復活とキリストの誕生の関連性について見ていかなければなりません。

8.8 ハートとマインドが融合して一つになると、分離した自己と神が融合します。復活は、この融合がなされた証でした。復活により、死の主張やあらゆる一時的な主張が脇に置かれました。今、奇跡という形であなた方に証拠が差し出されているように、人々は彼らに必要な証として、復活を目撃しました。死から蘇った人がいるというのに、その人に従わない人々がいることなどあり得るでしょうか。

8.9 幻想は死です。あなたは死から蘇るべきです。蘇り復活した自分自身に目覚めてください！　今や自分を楽園に連れ出してくれる「神の顔」、つまり神を擬人化させたイメージは存在しません。そのようなものを手本にするのではなく、神の御母マリアという女性を知ってください。

8.10 母親とは、融合と自身の肉体を通して魂を肉体化させる人とは言えないでしょうか。あなた方に理解できる創造では、新しい生命の誕生には男女が一つになることが不可欠でした。これは創造についてのあなたの記憶が、あなたが生み出すもののためにいかに役立つよう作られているかを示す一例です。分離した自己は、分離したままでは存在できなかったため、他の分離した形があなたとともに分離して生きる方法を生み出しました。創造するにはまず融合が必要だというあなたの認識は、あなたの記憶がしっかりしている証拠です。それは幻想の中では、知っていることを完全には取り除けないことをも証明しています。

8.11 ですから処女降誕は、真の創造という行為を取り戻すために必要なステップでした。そして、聖なる自己との融合を通して新しいものを生み出すものでした。処女降誕を現実と思っていても、神話と思っていても、問題はありません。あなたが住む幻想の中では、現実と神話の明確な区別がないからです。あなたは、真実と同じくらい神話によって生きているとも言えます。神話は大抵、あなたが現実と呼ぶものよりも真実を正確に反映しているものです。けれども、これは神話ではなく真実を受け入れるようにという呼びかけです。

8.12 あらゆる神話を終わらせるための神話として、マリアが指名されました。この例えでは、生命そのものが、与えられた謎を解く鍵だからです。

8.13 あなた方は皆、本来の状態へと戻るよう呼びかけられています。本来の状態とは、分離に影響されることのない不変の状態です。それは、神との融合によって生じた状態であり、聖母マリアの復活という「形」を通し、生命の新たなパターンを示した状態です。

8.14 生命の新たなパターンとは、形を用いて蘇る力、つまり生きている間に蘇り、復活する力のことです。

8.15 あなたは、あなたの栄光を「死後」ではなく「生きている間」に取り戻しました。

8.16 男性は具現化をもたらしました。つまり、女性の処女降誕から生じた結果をもたらしました。キリストは、我らが聖母マリアによってわたしの内側に蘇りました。同様にあなたの内側のキリストは、わたしによって蘇りました。男女の融合は、身体の部分的な融合を意味します。それは、形で表現され物語にも描かれていますが、言い換えると、目に見える形で表現することにより、目に見えないものに関するあなたの理解を深める助けになっていると言えます。あなたを自然な状態に戻した融合を表すものが、もう一つあります。原因と結果が真に同じであることを示すものが、もう一つあります。復活の真実を明らかにして生かすために今起こるべきことを伝えるものが、もう一つあります。

8.17 わたしたちはハートとマインドの融合について話してきました。この融合があらゆるものを包括していないなどと考えないようにしましょう。そのためにここで少し、男と女、思考と行動、インスピレーションと具現化といった、これまで自分の一部ととらえていたあらゆるものが思考術によってどのように完全な心へと運ばれるのか考えていきましょう。

第九章　与えることと受け取ること

9.1　思考術は、純潔で不変の自己に回帰しなければ用いることができません。思考術を「実践」することで、第一部で始まったその回帰が完了します。すると男女が融合し、思考と行動が一致し、インスピレーションと具現化の一致が起こります。わたしたちが奇跡を求める心や奇跡の準備ができている状態を語るときは、そのことを述べています。それは、マインドフルな状態で到達する完全な心のことです。

9.2　あなたが男女のどちらであるかは関係ありません。あなたはまさに男女が融合した存在だからです。分離が終わり、復活が起き、融合を引き起こしました。男女の分離は、形においてのみ存在し続けます。

9.3　けれども今、わたしたちが話しているのはある意味、形を高次元に引き上げることです。それはまず、あなたが自分の居場所だと思っている現実で起こらなければなりません。別の言い方をすれば、形を用いて対処しなければならないということです。あなたは何かが変化するのを待つのではなく、自分が望む変化した状態を自ら創造しなくてはなりません。

9.4　あなたは、外側に向けて行う創造には慣れています。出産は、外側へ向けて行う創造の数少ない例外の一つです。出産は、外側に向けて具現化することに似ていますが、内側の変化を反映するものです。子宮の中で生じる他者という新しい存在の成長は、妊娠という目に見えるものでありながら、同時に復活の準備段階でもあります。かつて父母の内側で融合せず朽ちた彼らの一部が、新しい生命に生まれ変わります。

9.5 あなた方は、子宮の中ではなく融合したマインドとハートの中で、新しい生命を身籠もるよう求められています。

9.6 では、なぜ女性だけが出産を経験し、男性はそれを経験できないのでしょうか。あなた方が考える創造では、与え手と受け手が存在しなければならないからです。与えることと受け取ることによって何かが生まれることを、あなたは知っていました。それが普遍的な真実の再生です。無からは何も生まれず、関係性を持たずに存在するものはないことを、あなたは覚えていました。

9.7 しかし、初の融合がマインドとハートの融合であることを覚えていませんでした。最初の融合とは、真の自己とつながることです。真の自己との融合が、復活であり再生です。誰もがこのような生命を吹き込む融合を実現でき、真の自己を誕生させることができます。

9.8 では、与えて受け取る行為に必要なものとは何でしょうか。真の自己を誕生させる際、誰が与え手で、誰が受け手なのでしょう。真の自己が誕生するには、受け取ることと与えることが真に同じでなければなりません。けれども、与える人と受け取る人がいるように見えます。長い間、あなたは他者からしか得られないと思い込んでいたものを受け取りたいと願ってきました。その証と言えるものが、あなたの通う教会です。あなたは宗教に仲介を求め、何かを受け取る手助けや霊的な交流を求めます。しかし内なるキリストによってのみ、受け取ることと与えることは同じになるのです。

9.9 わたしは死を待っていたとき、自分の復活から何が生じるかを知るという贈り物を授かりました。簡単に言えば、その贈り物こそがわたしが残そうとしたものです。わたしは死んでから新しい形として復活するまでの間、この新しい形があなたの内側にも存在し、あなたがキリストの身体となり、与えて受け取ることが完了されることを、あなたに知ってもらおうとしました。

9.10 あなたはキリストの身体です。

9.11 男女の融合、思考と行動の一致、インスピレーションと具現化の一致をもたらすとは、どういう意味でしょうか。

9.12 広い定義では、それらはすでに起こっています。エゴが脅かされ、ガイダンスを受け取れるようになると、男女は一丸となって、エゴの支配がわずかしかない、内側のある部分に取り組むようになりました。これは男性にとってほとんどの場合、エゴに支配された理性の領域に背を向け、感情の領域に向き合うことを意味します。女性にとっては大抵、もっともエゴに惑わされる感情の領域に背を向け、理性に向き合うことを意味します。このような本能的に反対に向かう行為が、ホーリースピリットという仲介を通してあなたのためになされてきました。あなたはエゴの支配から自分を解放する上で必要なものを見つけるために、外側ではなく内側に向き合うことで完全性を目指しました。あなたの内側に備わっている特性が、男女をともに抱擁するときと同じ方法で男女の融合を引き起こし、完全性へと到達させます。同様に完全性は、思考と行動、インスピレーションと具現化とともに生じます。

9.13 あなたがこうした考えを固定観念と見なしてそれらと闘わないよう、簡単な例をいくつか挙げましょう。最近の経験を振り返って、次の質問に答えてみてください。あなたはこのコースを学んできましたが、エゴの存在がより鮮明になるとき、その原因は何でしょうか。長い間眠っていたエゴが、何らかの出来事や状況で突然姿を現わすように感じるのではないでしょうか。そうであれば、それはどんな出来事や状況ですか。そのとき、あなたのセルフイメージが脅かされはしませんでしたか。脅威が生じたのは、感情のレベル、あるいは理性のレベルですか。気持ちやプライドが傷つきましたか。自分の気持ちや考えに疑問を持ちましたか。エゴは何を口実にあなたを助けようと現れたのでしょう。そのときあなたは、一歩引き下がらなければなりませんでしたか。それとも、前に踏み出さなければなりませんでしたか。あなたの感情はかき乱されましたか。それとも鎮まりましたか。

9.14 答えるのは難しいかもしれません。あなたの最初の反応や応答は、さまざまな形を取りやすいからです。例えば、あなたは傷ついたり怒ったりして反応するかもしれませんが、あなたの応答そのものは、感情的にも理性的にもなり得ます。ここで気をつけるべきことは、あなたが一番心地よく感じるものとあなたの最初の反応です。それらは古いパターンとエゴのやり方から生じます。そのようにエゴがつかんで離さないものを打ち破ること、または古いものから立ち去ることが、次の反応として起こります。

9.15 最初の反応では、うぬぼれて得意になったり、自分の立場を強化したり、自分のやり方で考え抜いたり、争ったり支配したり、他者を非難したりするかもしれません。そうすれば、その状況や出来事での他者との関係において気分よくいられるからです。それとは別に、自分を哀れんだり、自他に罪の意識を負わせたり、自尊心や自分の価値を傷つけたりすることもあるかもしれません。前者は理性的な立場を、後者は感情的な立場を重視しているように思えるでしょう。理性的な立場を離れ、感情面に向き合えば、前者の問題は最速で解決されるでしょう。考えが感情を離れ、理性や知性に向かえば、後者の問題が最速で解決されるでしょう。知覚された攻撃は、あなたがもっとも価値を置く部分、つまりあなたのもっとも壊れやすく脆い部分に突き刺さります。これまでのあなたの応答は、自分がもっとも価値を置いて評価しているものを守り、それを使うというものでしたが、これからは変わっていくでしょう。あなたは、エゴが駆り立てられていたものにはそれほど価値を見出さなくなり、そういうものから離れていきます。

9.16 「古いもの」が投げ出されます。その最初のステップは、これまで大切にしてこなかったものを大切にすることです。自分に足りないものを与えてくれる他者を求めるのではなく、これまで軽んじてきた自分へ力を引き戻しましょう。これはとても重要です。その影響はあらゆるところに及びます。この最初のステップは一見、バランスを取るためのように見えますが、実は完全性のためにあるものです。男女の性別も、それぞれの特性を負ったレッテルに過ぎません。そうした違いが一つになるとき、性別はなくなり、完全性が主導権を握ります。

第十章　平和

10.1 ここであなたが直面してきた平和問題と、平和に対するあなたの反応について話しましょう。あなた方にとって平和とは、それこそが自分が感じるべきこととは思えないほど馴染みのないものです。けれども、真のあなたの中央には平和の芯が存在します。あなたが対処しようと選んだ問題が、その平和の芯に影響を及ぼすことはありません。わたしが述べたことに動揺を感じるかもしれませんが、それでもあなたは、平和を脅かすために思い切った手段に出たりはしないでしょう。

10.2 わたしの平和はあなたのものです。あなたは平和を求め、すでに与えられています。平和でいないためには、平和でいないことを選ぶしかありません。あなたはときどきその衝動に駆られます。自分の中に極端な感情がないとき、それを取り戻したくなります。それがないことを欠如の経験として体験し、何かがおかしいと思います。特に周りの人たちが大胆な体験をしているときに、そう感じます。友人が極度なレベルの感情を体験していると、まるでその友人がとても生き生きしていると告げられたかのように感じます。感情が喜びであろうと悲しみであろうと、それは穏やかでないときと同じようにリアルに感じます。完全な人間でありたいという欲求の高まりが打ち寄せることも、とても人間らしく感じます。自分の注意を引いた人物がその瞬間に完全に居合わせ、その瞬間に没頭しているように見えるとき、それこそが自分の欲しいものだと思います。もう一度言いますが、喜びであるか悲しみであるかは関係ありません。あなたは同じ理由で喜びと悲しみの両方に惹かれ、これまでもずっとそうだったからです。同じ理由とは、人としての経験に没頭していたい思いのことです。

10.3 あなたが作り上げてきた経験が、ここにあります。あなたは、どれほど頻繁にその経験に没頭し、伴う変動に自分自身を投じてきたのでしょうか。あなたは、そのもっとも人間らしい経験に再び身を投じたくなります。そして、人としての経験の辛さに泣いたり笑ったりするでしょう。あなたはそれを、手放したくないものとして知っています。もっとも深い悲しみやすべてを包み込む喜びといった最大級の経験をしても、なお冷静さを失わないというならば、あなたはそれこそ非人間的だと感じます。あなたは、ここが自分のいるべき場所のはずがないと思うでしょう。自分の持つべき感情がそんなものであるはずがないと思うでしょう。そして、いったい自分の何がおかしいのか知りたくなります。

10.4 それが衝動です。人としての経験に対する衝動です。それこそが、あなたが神の平和よりも優先して選び続けているものです。正しい選択、誤った選択というわけではなく、それはただの選択です。あなたの自由意志がそれを選び続けています。

10.5 あなたは自由意志を使い、人としての経験を選んでいます。代わりに今、神の平和を選ぶために自由意志を使おうと思いますか。全身全霊で平和を選べますか。悲しみではなく喜びが習慣になるほど、ずっと平和を選んでいられますか。選んでいられないのなら、あなたは天国と同じように地獄を作り続けることになり、聖なる存在と人間を隔てる分離を続けることになります。天国は、地獄を手放すほど価値あるものでしょうか。

10.6 こうした極端に人間じみた経験が学びの道具となり、内側の聖なる存在に向けてハートとマインドをこじ開けてきました。そのためだけに、あなたはその経験を選びました。けれども今や同じ方法で学びに戻る選択をせず、あなたは観察者としてそうした経験を兄弟姉妹の学びの選択肢として見ることができます。もはやあなたには、聖なる存在に意識を向けておくための経験は必要ありません。例えば読むことを習得すると、もちろん一生読む行為は続けるかもしれませんが、読む方法を学ぶところへ何度も立ち戻る必要はありません。あなたは人生を経験し続けながら、内なる神の平和を保つことができます。あなたは平和とともに生きるとき、兄弟姉妹に別の方法があることを伝える手本となります。

10.7
極端なことを手放すよう求められていると思いますか。そうです。あなたは、あなたから平和を奪うすべてを手放すよう求められています。しかし前に言ったように、あなたが諦めることは何もありません。おそらくしばらくは、諦めるように感じるでしょう。並外れた生活にも惹かれるでしょう。けれども、他人の幸せを目にして喜ばない理由はありません。人の苦悩を見て慈悲の念を抱かずにいられるわけがありません。しかし内なる神の平和を保っているなら、それらに賛同することも賛同する必要もないわけです。

10.8
神は苦悩を見ないと言われてきたのは、そういう意味です。神はあなたとともに平和に存在しています。あなたは安らぎを感じるとき、神の平和を感じています。それ以外の平和はありません。他に神はいません。あなたが今信じるか信じないかは別として、神の平和の内側には、あなたが人としての経験を通して知った喜びしかないこと、そして悲しみは一切ないことを、わたしが保証します。

10.9
あなた方は皆、深い喜びや悲しみなど、将来振り返ったときに大きな学びとなる経験をするでしょう。そのような経験なくしては、今の自分ではいられなかったと思うことでしょう。わたしがそのような経験を諦めるようお願いするわけがないとも思うでしょう。しかし、あなたはそうした経験をすでにしてきました！　わたしはそれらの経験を諦めるのではなく、今、新しい選択をしてくださいと言っているだけです。

10.10
それらの出来事にまつわるあなたの記憶が、あなたに神の平和を選ばなくさせています。記憶の先に、本当は何があるのかを見てください。神の平和がなければ、真の学びが訪れることは一瞬たりともありません。神の平和がなければ、真の学びは不可能だからです。

10.11 いわゆる至高体験と、学びの道具となっていた極端な経験を区別しましょう。至高体験の前には大抵、幸せな出来事やトラウマとなる出来事があるものですが、それだけでは至高体験は生まれません。神の平和を選ぶなら、至高体験は、あなたが振り返るものではなく待ち望むものになります。

10.12 今、極端なものから離れることについて述べています。具体的には選ばれたレッスンに対する極端な反応について述べています。そのようなレッスンの必要性を手放すことが求められています。カリキュラムを習得したら、それ以上のレッスンが必要でしょうか。平和のもとで、静寂な「知」があなたに訪れないことなどあるでしょうか。なぜ永遠の平和のもとで学べないものを、過度な混乱から学べると信じてしまうのでしょうか。

10.13 あなたはそう信じてきたからこそ、自分が受け継いでいるものを受け入れようとしてきませんでした。今、真実の記憶を蘇らせましょう。すると平和こそが、これまで手に入れるために探し求めてきたものだったことがわかるでしょう。今、立ち止まってここに平和があることを受け入れなければ、神の平和が真の自分であると知ることはないでしょう。

10.14 どんな方法で平和を見つけても、どんな形の平和であっても、平和こそが神に対するあなたの答えであり、あなたに対する神の答えです。わたしは、あなたに受け継いでもらうために平和を残しました。平和とは、身体とマインドとハートの安らぎです。平和は奇跡の領域に存在し、完全な心の状態でもあります。思考術を用いるには、その安らいだ状態でなければなりません。平和は天国を描いたものであり、キリストの住処です。平和があなたを訪れ、あなたは平和に到達しました。

10.15 さあ、あなたへの最後の指示です。平和を見つけたあなたは穏やかに生きます。あなたは神の平和を与えられました。その平和とともに歩みましょう。至るところで平和を広めましょう。平和に歩み、愛し、あらゆる

もの役に立ちましょう。そうすることで、あなたは生家に戻り、あなたが平和に導いたすべての兄弟姉妹を
も生家へ連れ戻すからです。平和に歩み、愛し、心を込めて自分を捧げましょう。そうしてわたしたちは愛と
平和でつながり、永遠の我が家で一つになります。キリストの兄弟姉妹たちよ、我が家へようこそ。

解説II　融合の本質とその認識

第一章　宝物

1.1　あなた方は皆、少なくとも時折、自分の内側に宝物があることを感じています。例えば開花されるべき才能のように、一度宝と見なされたものは、そう気づかれた途端、今度は大概、宝物ではなく能力と見なされるようになります。そしてそれはのちに、あなたのアイデンティティの一部となります。解説Ⅱでは、このことについて掘り下げていきます。まだ宝物と認識されていないものが、宝物と認識されるようになります。一度そう認識されると、それは能力と見なされ、やがて経験を経てあなたのアイデンティティとなります。まずは宝物の本質について話しましょう。

1.2　宝物は大概、次の二つのどちらかに見えます。一つは、探して見つけるだけの価値のあるもの、もう一つは、大切に守られてきたものです。

1.3　前者は何よりもまず、あなたがその存在を信じ、価値あるものと見なしているものです。解説Ⅱでは、物質的な宝物については触れないので、宝物の物理的な大きさについても触れません。ただ、物質が宝物になったり大切にされたりすることが可能と思う原因は、エゴの感情にあるとだけ述べておきましょう。こうしたエゴの関心事からはすでに抜け出し、今後は内なる宝物がある領域を探索していくのだと考えましょう。

1.4　エゴの領域から出ると、そこに戻ることが怖く感じられます。あなた方は大抵、自分が信じている内なる宝物がエゴのエネルギー源になるかもしれないと知ると、その信じている宝物に背を向けます。このコースでは欲求について何度も述べていますが、それでもあなたはまだ自分の欲求に恐れを抱くことがあるでしょう。地上におけるあなたの目的は、本当の自分になることだと何度も忠告しています。それでもあなたは、内なる宝物を見つける必要が今はないと決めつけているかもしれません。あるいは今の自分が完璧な存在であると知り、安堵を覚える人もいるかもしれません。その完璧さの中にしばらく静かに休んでいられる場所を見出すこともあるでしょう。あなたは、判断や裁きを手放さなくてはならないと散々学んできました。それなのに、自分以外の誰かになりたいという思いを自ら裁いていることに気づくかもしれません。別の誰かになりたいという思いには、あなたが一度は能力として欲しいと願った内なる宝物に関するあらゆる思いも含まれます。あなたは真の自分を受け入れようとする自分の意志こそ、このコースによって導かれたものであり、自分がやり遂げた証だと考えています。あなたはこれを、多くを求めることをやめ、今いるところにいればよいのだと自分に認めてあげる許可のようにとらえるかもしれません。

1.5　その休んでいられる場所は、まさに神聖な場であり、やっと手に入れた休息の場です。そこは古い生き方と新しい生き方の分岐点です。けれども、これが求めている最終地点ではありません。この休める場所は、初めはいかに穏やかなところに見えても、すぐによどんで満足のいかない場所になります。あなたは先々に関する指示を得ずにそこを去ると、すぐに天国に関する古い考えに舞い戻ってしまいます。そして平和とは、精一杯生きることに疲弊した人たちのためにある状態と考えるようになります。あなたは冒険に満ちた生活を散々送った挙句、埋蔵されている宝物を探すことへの興味を失い、宝そのものを見なくなります。

1.6　ここは生や死の場ではありません。あなたが想像したように、死でさえも永遠の休息の「場」ではないからです。真に学ぶと、休息は単純に休みを意味します。そこは休む「場所」ではありません。そこは生が止まり死が支配する「場」ではないのと同様に、人生という旅の休憩所でもありません。そこは、あなたがたどり着くところでも、旅立つところでもありません。真に学ぶと、休息とは苦悩が終わり、平和が混乱を治め、愛が恐れを克服した状態だとわかります。

1.7 それでも平和と苦悩という二つの選択肢に直面することがあるかもしれません。でもそのような態度では、すぐに平和を保つ苦しみを味わうことになるでしょう。あなたの内側には別の選択肢があります。

1.8 あなたがまだ十分に認識できていない、内なる宝物があります。それは融合という宝物です。このコースで融合についていろいろ学びましたが、あなたにはまだ、融合が休憩所のようにたどり着ける場所のように思えるかもしれません。また平和のように、今の人生や一見増していく混乱から、自分を引き離して守ってくれる気泡のように感じられるかもしれません。この場所という見方をするのは、あなたが形の観点でとらえているからです。あなたがそれに気づかなければならないので、わたしも教える際の補足として、場所という概念を用いてきました。けれどもあなたは今、形を必要とせずに考え始める準備ができています。

1.9 あなたには、ある能力が自分にあればと望んだときに自覚した欲求というものがあるでしょう。そんな欲求について考えるときも、あなたは形や構造を用いています。例えば絵を描きたい場合、あなたは自分の壁に掛ける完成した絵を思い浮かべるかもしれません。描いている時間について思いを馳せるとき、その場所を思い浮かべるかもしれません。部屋やスタジオを想像すると、そこにはアーティストに必要な道具が勢揃いしているかもしれません。ピアニストを目指す人は、グランドピアノや大きなコンサート会場での演奏や、リビングルームを彩る小型ピアノやその周りに集まる友人家族を想像するかもしれません。作家は印刷された本、走者は競技で勝つところ、テニス選手は優勝するところを想像するかもしれません。これらは皆、物や場所の光景です。別の言い方をすれば、外側にある形です。

1.10 形を用いない思考、それが融合を知らせる兆しです。形は分離から生まれたものです。「形」という考えもまた、分離から生まれています。融合は場所や物ではなく、形と時間がない領域、つまりたった一つのハートとたった一つのマインドがあるところです。同時にそこは、創造主と創造物のあらゆる生命を結ぶ関係性の領域です。

1.11 あなたは創造者ですが、これまでとは違う思考で創造を行います。グランドピアノに関するあなたの思いが、グランドピアノを創造することはないでしょう。では、どのような思考がピアニストを生み出すのでしょうか。

1.12 それは、融合している思考です。融合している思考は、思いを持たない思考につながることができ、想像や愛とつながることができます。

1.13 エゴの欲求はグランドピアノに関する思いを引き起こし、融合した思考は音楽に耳を傾けます。エゴの欲求は重厚な額縁に入った絵に関する思いを引き起こし、融合した思考は美を見ます。あなたは、音楽のレッスンやピアノの購入といった具体的な目的がなければ、さまざまな段階を経てゴールに達することはない、という考えに慣れ切っています。でも融合した思考は、目標や計画を持たずに努力や苦労もせず創造します。だからといって音楽家にとって楽器が不要という意味ではありませんし、画家がキャンバスに筆を入れることはないという意味でもありません。ただ、宝物はこうした「モノ」がなくても存在し、宝物はすでに完全に実現された創造であることを意味します。宝物は、すでに存在して価値があり、誰の手にも届くものです。

1.14 これが、思考を変える最初のステップです。思考の変化が起きなくてはなりません。この段階は初歩的で、ほんの少しの意志があれば簡単にやり遂げられます。まず宝物に関する考えの変化を認識しましょう。すると、今まで見えなかった宝物を見分ける準備が整います。

第二章　呼びかけに耳を傾けるとは

2.1　融合に関する解説Ⅱの最初で宝物について述べたのは、呼びかけについて述べておきたかったからです。あなたの中の何が、あなたの内に潜む才能を認識するのでしょうか。現実的なマインドからは、こうした想像は生じません。現実的なマインドは、想像をファンタジーととらえます。ハートは、真の想像力を使って物事を見極め、あなたに語りかけます。ハートは、あなたが今、呼びかけに耳を傾けたり使命を持ったりすることについて思うことに寄り添いながら、あなたに語りかけます。

2.2　使命を持つというのは高尚な言い方です。平凡で限られた自分の見方を超えて、何らかの使命を得たと感じたわずかな人たちが、このフレーズを使います。けれども、この世で平凡とされていることに対して使命を感じる人も多いのです。

2.3　農民は農民以外になれないことをどう説明するでしょうか。太陽とともに寝起きをするのは彼らの血筋であり、それが彼らの自然な状態なのです。大地と一つになることは、彼らにとって欠かせない基本的なことです。

2.4　教えなさいという呼びかけに従うことは、今の世の中ではどれほど勇気の要ることでしょうか。名声や経済的利益をもたらす仕事を脇に置き、代わりに知識を分かち合い、マインドを形成する人になるわけです。

2.5　ヒーラーになるべく他者の身体の世話をしなさいという呼びかけは、何よりも親切なものではないでしょうか。

2.6 子供の世話、食事の準備、家庭に品位と秩序をもたらすといったシンプルな行為から生じる喜びや、他では得られない喜びについて、どう説明できるでしょうか。

2.7 こうしたさまざまな呼びかけを挙げれば切りがなく、そのどれもが説明のできないものでしょう。呼びかけに従う前に説明や現実的な理由を求め、それに従うことが正しく、従った結果を保証して欲しいと要求する人は、実はすでに与えられている証拠を探しています。呼びかけそのものがその証拠です。ハートにはハートの声を聞いてもらう力があるという証拠です。つまり見えないものを認識する力と、その本質と喜びを引き出す想像力が、ハートにはあるという証です。

2.8 あなた方は皆、ハートが語りかける真実に耳を傾けることができます。これを疑うのと同じくらい、信じることもできます。唯一、真実を信じる妨げになっているもの、それが、融合せずに分離しているマインドとハートです。

2.9 あなたは自分が本当の自分でいることができないのは、呼びかけに耳を傾けて従うという単純な考えよりも、はるかに大きなものが自分を妨げているからだと考えます。マインドとハートの分離よりもさらに大きなものだと思っているわけです。一度も呼びかけられていないと思う人もいるでしょう。または、何度も呼びかけられたと感じる人もいるでしょう。呼びかけられていないことを行う妥当な理由を挙げる人もいるでしょう。これらはすべて、あなたが自分の意志以外の何かを必要としていることを示唆しています。何かが存在するとき、それはあなたの意志においてのみ存在します。あなたの意志においてのみ、創造力が表現されるからです。

第三章　呼びかけに応えるとは

3.1　あなたの生命は、かねてから創造する行為そのものです。それは創造されたのです。すべてが創造されました。あなたの生命は、あなたの内側で完成されて存在しています。あなたが地上でやるべきことは、それを表現することです。「あなた」という存在は、この地上での人生よりもはるかに大きなものです。「あなた」は一つのマインドと一つのハートと融合し、地上での人生を創造しました。言い換えると、あなたは神と融合し、あなたの人生を創造しました。あなたが望んだすべてが存在します。あなたが考え想像したすべてが存在し、それらはあなたが見ている世界に反映されています。今、生きている人生とこれから手に入れたい人生が異なる点はただ一つ、真の自分を表現する意志があるか否かです。

3.2　表現したい気持ちがなければ、形は必要なかったはずです。内側にあるものを外側に向けて表現する情熱、それが生命です。わたしは何度も「内側」について、まるでモノがある「場所」のように話していますが、そこは融合そのもので、生命が宿っている「場所」です。そこは一つのハートと一つのマインドがある「領域」で、あらゆるものがすでに完成されています。まるで宝物が詰まった鞄のようであり、可能性が詰まったメニューのようです。あなたが唯一すべきことは、自ら世界にもたらすと決めて選んだその宝物を全身全霊で受け入れることです。あなたのハートは、その宝物についてあなたに語りかけ、鞄を開けて、中にある宝物を人の世界へと開放するよう導きます。以前述べたように、真のあなたが宿る融合した世界では、それはすでになされています。融合した世界と物質の世界をつなげるもの、それがあなたのハートです。あなたのハートは、それが「すでになされている」ことをあなたに告げ、身体を使ってそれを表現しなさいと語りかけています。そうすれば、二つの世界は一つになります。

3.3 あなたのマインドは、融合の中で存在しています。あなたのハートは、あなたが「自分の居場所」と思うところに存在するため、その「場所」と真にあなたが存在するところをつなぐ手段をもたらします。ハートはあなたの内なるキリストが宿る場所であること、そして内なるキリストこそがあなたのアイデンティティであることを常に覚えていてください。内なるキリストが学び、内なるキリストがその学びを聖なるレベルに引き上げていることを忘れないでください。あなたの内なるキリストが神の子として、真のあなたとして、地上での歩みを学んでいます。

3.4 これは第一部の初めに述べたことですが、あえてもう一度述べておきます。あなたは学び始めたので、内なるキリストが学ぶという真実に少しは意識を向けられるようになったかもしれませんが、今やそれは無視できない真実となっています。あなたはすでに自らの学びに気づき、その学びが人生に与え得る変化を目撃し始めています。あなたは抱擁の愛と安らぎを感じ、実在するものを経験していることを知っています。毎日の生活の中でさえも、自分に適した何かを学んでいることを知っています。かつて学んで経験していたエゴの自分と、今学んで経験しているキリストの自分の違いを、ここできちんと識別しなければなりません。あなたは、新しい自分という新たなアイデンティティを引き継がなければなりません。

3.5 エゴの自分ではなく、キリストの自分として世界で行動して生きていくという認識が、あなたの表現を助けます。表現しなければ、すでになされた融合への回帰が実現することはありません。

3.6 もし学ぶ上でキリストが必要であるという考えにためらいがあるのなら、あなたのキリストに対する概念は、学びに対する概念と同様、まだ古い考えに基づいています。

3.7 学びや達成は、あなたが知覚してきたような時間軸上にあるものではありません。才能という概念をもう一度見直すと、簡単に説明がつくでしょう。例えばあなたに美しい音楽を作曲する能力がすでにある場合、あなたは、美しい音楽とは何かを学ぶ必要はありません。ただその表現の仕方を学ぶ必要があるだけです。同じように、内なる美をすでに見ているなら、美とは何かを学ぶ必要はなく、ただその表現法を知る必要があるだけです。表現と創造は同義語ではありません。創造とは、生命をもたらす愛と同じ思考を拡張し続けることです。創造の源はあらゆるものの中に存在し、絶え間ない創造をもたらします。あなたに可能なあらゆる表現の源は、あなたの「内側」にあります。あなたという創造物の中に存在しています。創造のそんな側面を表現しようとするあなたの選択と意志によって、創造力は放たれます。創造の源としてさまざまなものがあなたの中に眠っているというのは文字通り本当で、それはすでになされたことですが、それらは肉体の世界で表現されることを待ち焦がれています。

3.8 そのように、キリストをあなたのアイデンティティの源と見なすことができます。キリストは、生命をもたらす愛と同じ思考を拡張し続ける存在です。考え得る広義において、キリストはあなたのアイデンティティと言えます。それは、融合の内側にいるあなたのアイデンティティであり、創造そのものです。

第四章　本当の自分への呼びかけ

4.1 創造は、この世界だけのものではありません。創造は全体の一部であり、あらゆるものにとってのすべてです。創造は始まりであると同時に終わりであり、永遠で無限です。創造物とは、あなたが今知っている生命だけではなく、あらゆる生命を指します。つまり死後の生命、誕生前の生命、その中間の今生きている生命です。それらはすべて一つです。すべてが同じ源から生じているからです。

4.2 あなたは、創造物の一部というだけでなく、何度も言われてきたように創造者でもあります。ですから、創造し続けるのです。これは、創造があなたから生じるという意味ではなく、あなたが創造から生じるという意味です。静止しているものを創造ととらえることは、創造の本来の意味に反します。それなのにあなたは、自分は創造というものからかけ離れた存在なので、自分が創造に影響を与えるとは思っていません。この考えは、自分は運命に翻弄される存在だという考えと同じです。運命と創造は同じとは言えません。エゴにとってのみ、あなたは運命に翻弄される存在ですが、それが続くのは、あなたがその考えを手放すまでの間です。

4.3 『奇跡のコース』と『愛のコース』は連携しています。『奇跡のコース』で教えている思考の変化とは、自分自身に対する考えの変化のことだからです。『奇跡のコース』では、自分が思う「わたし」というアイデンティティをもたらしたエゴのマインドを取り除こうとしました。それに続く『愛のコース』では、真の自分を明らかにしようとしています。真の自分ではなく、この世界で自分が思い込んでいる自分として行動する限り、あなたはこの二つのコースの学びを一体化させることはできません。

4.4　これが今、あなたが学んでいる段階であり、解説Ⅱで取り組むことです。解説Ⅱでは、真の自分としての生き方と、新たに定義した新しい自分として世界でどう行動できるのかを示そうとしています。泳ぎ方を学ぶように、新しい行動の仕方を学びます。水中と地上では動き方が異なるように、真の自分とこれまでの自分の行動の仕方や表現法は異なります。今までは、真の自分ではなく、自分が思い込んでいる自分に見合った条件から行動していたからです。

4.5　あなたは取り消す過程で、まさに自分で思い込んでいた自分に何度も出くわすでしょう。水泳の例が一番わかりやすいかもしれません。例えば世界で真の自分として行動することを泳ぐことだとしたら、自分が思い込んでいる自分に出くわすことは、水中で地上と同じように動こうとしているようなものだと言えます。水中で自由に動けるというのに、なぜ突然、地上と同じように動こうとするのでしょうか。簡潔に言えば、それは自分がどこにいるのかを忘れているからです。複雑に言えば、さまざまな理由で突然パニックや恐怖心に駆られたからだと言えるでしょう。いずれにしても、その結果は常に同じです。自由で楽に流れに乗って動き回れる状態から、葛藤と抵抗で渦巻いた状態に変わってしまいます。

4.6　真の自分としてではなく、自分が思い込んでいる自分として行動していることに気づく最初のステップは、葛藤や抵抗があるかどうかです。泳ぎを速やかに学ぶときと同様、自由で楽に動き回れる状態に戻る道はただ一つ、葛藤と抵抗をやめることです。泳ぐ人にとって、葛藤を手放す力は学んで身につけるものであり、今、真の自己に戻ろうとしているあなたにとっても、それは同じです。そのためにも、思い出して信じることが必要です。身体とマインドとハートが一つになるよう、全身全霊で臨むアプローチが要求されます。このアプローチは、融合を自覚するために必要です。例えば泳ぐ人にとって、水はあって当然のものではなく、泳ぐ環境に必要なものと認識されます。けれどもあなたは今や、分離という条件に縛られてはいません。兄弟姉妹たちよ、それを学ぶときがきています。

4.7 分離という条件に縛られていないというのは、人生の全出来事に対するあなたのあらゆる「反応」についても言えることです。ここで、先ほど述べた、使命を得るという考えに対するあなたの反応を見てみましょう。

4.8 あなたが現在、使命を自分に関するものとしてどのように定義していたとしても、使命という概念に二通りの考えと感情を持たずに反応できた人はわずかでしょう。二通りの一方は、宝物のような価値の高い贈り物を喜んで受け入れたときに生じる思いや感情です。もう一方は、責任や義務といった厄介事が起きたときに生じる思いや感情です。つまり何かが与えられたと考える思考と、何かを要求されたと考える思考があるということです。完全な心で応じるとき、それは与えることと受け取ることが真に同じという認識をもって応じることを意味します。

4.9 二通りの考えと感情があるとき、それらと上手く折り合うには曖昧さを受け入れるしかありません。曖昧さを受け入れることは、葛藤している状態よりも好ましく思えるかもしれませんが、実は自分の力を否定しています。自分の力を取り戻すには、相反する考えと感情の狭間にある葛藤を通り抜け、融合の地へ向かう意志が必要です。

4.10 使命と向き合うとき、まず初めに考えと感情の二元性に気づかなければなりません。次に曖昧さと葛藤の両方を断ち切って、融合へ向かう意志を持たなければなりません。

4.11 そこで必要なのは、使命に関するあなたの考えをよく検証することです。今のところ、特定の使命があると感じているか、ないと感じているか、あるいはたくさんの使命があると感じているかは重要ではありません。

問題は、あなたがそう感じていることを重要だと思っていることです。重要と思う理由は、呼びかけを受け入れる代わりにそれを比べて判断しているからです。

4.12 最近になって真に受け入れる安らぎを感じるようになったあなたは、その安らぎを去って使命を探しにいくよう要求されているわけではありません。これはただ、その内なる安らぎから何をするよう呼びかけられていると感じるのか、そこに耳を傾けなさいというお願いです。過去について述べているのではありません。あなたが一度や二度でも、これぞ自分を満たすものと思ったものについて述べているのでもありません。たった今、本当の自分を認識することについて述べています。どうなっていただろうとか、もっと早く行動していれば夢見た人生を送れただろうとか、今からでも遅くはないだろうとか、応急処置のようなことを述べているのではありません。あなたが応じてきたさまざまな呼びかけが、あなたをどこへ導いてきたかを調べているのではありません。そうした考えはすべて、本当のあなたではなく、あなたが自分と思い込んでいる自分が考えていることです。そのような思考では、考えていることと知っていることの違いを認識できません。

4.13 あなたは、本当の自分でいなさいと呼びかけられています。空飛ぶ鳥のように滑らかに生き、自分と自分の行動に区別を設けない人生を送りなさいと告げられています。そのような区別のないところ、それが融合の場です。

4.14 解説Ⅱでは、自分の今いる位置を受け入れるために再度見つめ直す段階に、一周回って連れ戻されたように感じるかもしれません。けれども自分の今いる位置を受け入れることと、本当の自分を受け入れることは違います。ここでの目標は、今いる自分の位置を、自ら行き着いた、変更が効かない場所のように受け入れることではありません。本当の自分を受け入れることには、創造を受け入れることも含まれます。創造を受け入れるとは、変化や成長を受け入れることです。しかし、あなたはこれらのどの概念も真に理解してはいません。変化は、否定的なものではありません。成長は、欠如を暗示するものではありません。

4.15 この世界の見方や生き方を刻一刻と自分に告げる思考プロセスは、古い概念に基づいていると考えなければなりません。これは、あなたが変化してこなかったという意味ではありません。あなたはすでに完成された存在ではなく、これから完成しなければならない存在である、という意味でもありません。ただ、まだ古い思考パターンを取り消す必要があることを意味しています。それがアトーンメントです。アトーンメントは必要なくなるまで続きます。続くものはすべて創造の一部です。ですから、古いパターンを取り消すことも創造なのです。古いものがなくなっても虚しさは生じません。ただ新しいものが創造されます。

4.16 あなたは、今まで作り出したものを取り消している最中です。決まり切った型を持たない新しい建物を建てるために、古い建物を取り壊しています。

4.17 こうした過程もまた、融合です。あなたはまだ認識していませんが、与えることと受け取ることは同じだからです。この過程は、何かが始まるために、別の何かが達成されることを待つためのものではありません。今、起きていることは、すべて同時に起きています。古いものが去るとき、新しいものが訪れます。こうした学びでは、時間が途切れることはありません。それがまさに奇跡に対する準備ができている状態です。古いものがなくなると同時に、新しいものに入れ替わるのです。

4.18 ですからあなた方の中には、今は聞こえない呼びかけをいつかは聞こえるようになるだろうと、待っているような感覚を覚える人もいるかもしれませんが、呼びかけを聞くために「待つ」必要はありません。あなたに呼びかけられていることは、ただ本当の自分でいることです。それは電光《いなづま》のような速度で起こります。その同時性ゆえに、その速度を測ることはできません。第一部でも述べたように、時間とは、学びが起こるまでにかかる時間のことです。時間の概念が取り消されると、奇跡に対する準備が整った状態が、あなたの自然な状態となります。

4.19 このような思考の調整がまさに奇跡ですが、それが奇跡に見えない場合もあるかもしれません。あなたの気づきが深まれば、思考の調整ができることを能力ととらえられるようになります。人生に対する古い対処法は、葛藤と抵抗をもたらします。新しい考え方は、その古いパターンを新しい対処法に置き換えます。したがって新しい対処法こそが、あなたのハートにしか聞こえない呼びかけへの応えであることがわかるようになるでしょう。すでに述べたように、あなたのハートは今や、あなたの目となり耳となっています。あなたのハートには、たった一つの呼びかけ、たった一つの声、融合というたった一つの源の言葉だけが聞こえています。

第五章　呼びかけの源

5.1　このコースがあなたに求める人生というものをあなたが十分に理解するために、呼びかけの別の側面について話さなければなりません。前の章は、ハートに耳を傾けると、あなたはたった一つの呼びかけを聞いてそれに応じることができるというところで終えました。けれどもたった一つの呼びかけとは、牧師になりなさいなどと要求が一つだけあるという意味ではありません。行動を促す呼びかけが一つだけあるという意味でもありません。内側で感じ取る呼びかけについて、まるであなたの才能や情熱を教えてくれる新しい声を聞くかのように話しましたが、呼びかけというものは、暗闇に光が差すように訪れます。それは、今まで見えていなかったものが突然見えるようなものと言えるでしょう。告知や合図のようにやってくる呼びかけもあります。一見、要求のような形で現れることもあります。けれどもあらゆる呼びかけは、それに応じられるところにいなさい、そして本当の自分に「戻りなさい」と言っています。

5.2　もう一度、そのような呼びかけは、今という瞬間にやってくるものだと強調しておきます。それは、もっとも基本的なレベルにおけるコミュニケーション手段とも言えます。あなたは耳を傾けなければ、あなたのための呼びかけを聞くことはないでしょう。また、ある特定の呼びかけだけを求めたりすると、身につけたものを取り消す機会や新たに学ぶ機会を数多く見逃してしまうでしょう。ですから、今だからこそ聞こえるかもしれない別の呼びかけに気づかなければなりません。

5.3 告知の形でやってくる呼びかけには曖昧さがありません。告知から感じられる確実な感覚は、今がそれをするときだという あなたへの警告です。それはもっとも高次のレベルの呼びかけで、完成された存在から完成された存在への呼びかけとも言えます。こうした呼びかけは、過去のレッスンの学びを終え、新しいものから学ぶときがきているという知らせです。このコース自体が呼びかけであり、新しいものに対してあなたの準備ができていることを告げています。そのような呼びかけは、あらゆるものを包括し、具体的な何かを目的にはしません。具体的ではないゆえに、あなたはまだ何をしたらよいのかと考えるかもしれません。だからこそ、何をすべきか知らせてくれる呼びかけに気づく必要があります。

5.4 こうした呼びかけは、合図に思えるかもしれません。それらはまさに道路標識のように、特定の方向にあなたの意識が向くよう呼びかけています。

5.5 要求の形で訪れる呼びかけは大抵、人との関係性のもとで教えて学ぶことを通してやってきます。あなたは文字通り、自分の態度や言動の「責任を問われる」かもしれませんし、他者の態度や言動の責任を彼らに問うよう呼びかけられるかもしれません。

5.6 こうした合図や要求の形で現れる呼びかけは、告知のような呼びかけとは異なり、ある意味で具体的です。それらは過去の学びから漏れたもので、古いパターンの最後の取り壊しを示唆しています。あなたはこれから大変な時期を迎えると告げられているように感じるかもしれませんが、そうした時期を通り抜けなくてはなりません。それらは、あなたが通過しなければならないレッスンです。

5.7 与えることと受け取ることは同じであるという真実を完全に自分の中に取り入れるまでは、必要なものがある状態について、欠如がないとは到底思えないでしょう。依存状態が、関係性を築く人たちの相互依存の問題であることにも気づかないでしょう。合図や要求の形で訪れる呼びかけは、この学びを取り入れる手助けとなり、あなたとその学びを一つにさせます。こうしたレッスンは、ハートという乗り物にあなたを乗せ、マインドの内側に焦点を合わせます。

第六章　信念：完成

6.1　わたしたちが話している「呼びかけ」の源は、あなたのハートです。ハートは、内なる宝物に気づくようあなたに忠告しています。わたしたちが「内側」と呼んでいる場所に、時間は存在しません。あなたのハートは、あなたがあなた自身に課している時間のルールに従いますが、実は時間というものを知りません。時間のルールに執着することをやめ、どれほどハートの言葉に気づけるのか、注意していてください。

6.2　ここでは、年月日をつかさどる時間のルールについては触れません。ただ、時間のルールが年月日をつかさどっているとあなたが信じていることと、そのルールが思考を支配していることについて触れておきましょう。時間が学びの度合いを測り、学びを取り消す段階にあるならば、あなたもわかっているように、時間の終焉が目前に差し迫っています。思考に課された時間という壁を取り払って考えられるようになると、あなたはさらに前進し、時間という名の学びのパターンが終わりを迎えます。

6.3　融合へ回帰できるかは、このコースで述べているあなたの信念の変化にかかっています。そうした信念を見直し、信念が時間の概念とどう関係しているのかを見ていきましょう。

6.4　あなたという存在だけが完成されています。あなたがなし遂げたことはすでに終わっています。

6.5　時間の概念で言えば、これはどういう意味でしょうか。あなたは完成された存在と言われると、自分のやるべきことはすべて終わっていると思うかもしれません。もしなされるべきことがなく、あなたのやるべきこともなければ、時間は何のために必要なのでしょう。かかる時間を考慮せずに何かをなし遂げようと考えたことがあるでしょうか。この問いを宝物に関する描写に当てはめてみると、わたしが何を述べているのかわかるでしょう。あなたは、時間の中でのみ達成する能力こそ、宝物だと信じています。さらにあなたは、それらの宝物が能力になるために必要な時間を自分が費やしたときだけ、それが自分のアイデンティティの一部になると信じています。つまりあなたがなし遂げたいと思うあらゆることは、あなたから離れて存在し、時間の中ではあなたから程遠いところにあるわけです。あなたのマインドがあなたのなし遂げたいことを未来という未知の時間に投影するため、あなたにはそれがなし遂げられないものに感じられます。わたしはあえて「感じられる」と言っています。あなたがすでに完成された存在ならば、このマインドのトリックは上手くいかなかったということです。そのトリックが上手くいったと思うなら、あなたは時間のせいで達成できていないかのように振る舞い、それがあなたには現実のように感じられます。あなたがそう信じているからこそ、それは現実のように感じられるのです。

6.6 達成とは、あなたが行き着く場所ではなく、あなたに授けられたものです。それは成果ではなく、確実に起こったことです。それは「我になる」ではなく「我ここにあり」と言っています。「我になる」では、今の自分とは違う誰かになりますという未来を想定するステートメントになってしまいます。融合は今ここにしかありません。融合に「未来」という概念はありません。「現在」しか存在しません。ですから、あるがままの存在にあなたが設けた限界について、ここで話さなければなりません。

6.7 あなたのマインドは「椅子は椅子です。それを事実と思いなさい」とあなたに告げます。あなたは誕生以来、学んできたことを通し、椅子にはある属性があることを認識しています。その中でも欠かせない属性が、腰掛けられる作りになっているということです。『奇跡のコース』のエクササイズは、こうした目に見える周知の事実に対する信念に疑問を投げかけなさいという指示で始まっています。こうしたエクササイズを馬鹿らしいと思ったり、物理学のレッスンのようだと考えたり、知的レベルで理解したつもりになったりするかもしれません。けれどもそれらのエクササイズは、あなたが創造という変化し続けるものを受け入れられるようになるためにあります。あなたが、いかなるものもあるがままに、かつ周知の事実とアイデンティティを伴うものとして存在することを受け入れられるようになるためにあります。継続する創造の一部として、それらを受け入れるのです。これらのことが、椅子には当てはまるけどあなた自身には当てはまらない、などということはないのではないですか。

6.8 変化や成長はすでに達成したことではなく、これからなし得るあらゆるものを暗示している、というあなたの信念が今、変わらなければなりません。木が種の中ですでに完成されたものでありながら成長し変化を遂げるように、あなたも成長し変化を遂げる間、内なるキリストという種の中ではすでに完成されています。身体やあらゆる行動は、種の中ですでに完成されたものを表しているに過ぎません。

6.9 自分をすでに完成された存在と認識することは、融合の状態を認識する条件でもあります。それは、時間のパターンから外れた融合に自分が属しているという気づきです。奇跡は、通常の時間のパターンの外側で、狭間の時間を創造します。つまり奇跡に対する準備ができた状態で生きるとは、通常の時間のパターンにはない新しい現実を創造するということです。その状態はすでに完成されたものとして存在しますが、あなたがそれを自分のために創造するかどうかはあなた次第です。あなたがそれを自分のために創造しなければならない理由は、すでに完成されたものと自分で作り出したものを入れ替えてしまったとあなたが信じているからに他なりません。あなたが取り消すと同時に創造するとき、その創造が起こります。あなたは常にあった融合の状態に戻るわけですが、真の自己の新しい現実として、その融合した状態を創造します。あなたは新しい世界を知覚することで、見る世界を変えます。そしてこれぞ自分だと思い込んでいる自分から、本当の自分へと変わっていきます。

6.10 すでに述べましたが、あなたのハートは、あなたが自分の居場所だと思っているところに存在しなければなりません。ですから、こうした思考の変化がハートを解放し、ハートにとって自然な領域にハートを帰す、というふうにとらえることができます。このようにマインドとハートが今ここでつながるからこそ、あなたは形の中にいながら、神の子、キリスト、そして神の言葉が肉体化したものとして存在します。「神の子」という言葉や「キリスト」という名は、最初の創造を表しているに過ぎません。あなたから分離した天国の神々を指しているわけではないことを覚えておいてください。キリストは真のあなたです。あなたは創造されたままだからです。キリストとは、完成された真の自己のことです。

第七章　信念：与えることと受け取ることは同じ

7.1　このコースでは、独立していたいというあなたの思いについて多く話してきましたが、その反対とも言える依存状態については、あまり触れてきませんでした。あなたは独り立ちすることについて、自分にしか頼ってはいけないことのように感じているので、他者に頼ったり依存したりすることは、独立していたいあなたの思いに反するネガティブな意味合いでとらえてきました。あなたがもっとも恐れるものの一つが、誰かに依存したり頼ったりしなければならない状態です。

7.2　他者というのは、この世でもっとも未知な存在です。彼らは、あなたが支配できない存在であり、あなたが通常選ばない方法であなたの毎日や生活に影響を及ぼします。他者は、これから起こり得る災難の象徴であり、かつ見返りのない愛の象徴であり、さらにはあなたの大事なものを与えてくれない存在の象徴とも言えます。あなたは人間関係で感じるこうした恐れを、見知らぬ他人に対して抱くように、もっとも大事な人たちに対しても抱いています。自分の独り立ちが重要に思えるのは、独立した他者の存在があるからです。依存状態は、あなたが思う健康的なあなたのイメージにはふさわしくありません。では、その代わりとなる状態とはどんな状態でしょうか。

7.3　それは、与えることと受け取ることが同じであることを信じている状態です。

7.4　まず「他者」という概念を「関係性」という概念に置き換えてみましょう。これについては、このコースで繰り返し述べてきました。与えることと受け取ることが同じだと信じるためには、他者ではなく関係性を信じなくてはなりません。

7.5　あなたが他者と見なす人たちは、あなたから分離しています。あなたが自分と関係があると見なす人たちは、あなたから分離していません。関係性は融合の源です。自分はあらゆるものとの関係の中で存在するという信念が、生活の一部にならなくてはなりません。そしてさらに、関係性は信頼に基づいていることを忘れてはなりません。信頼関係を分かち合っている相手に頼ったり支えてもらったりしているとき、そこには何かネガティブなものがあるでしょうか。恐れの原因となるものがあるでしょうか。欠落感、喪失感、支配欲、そういった感情を密かに沸き立たせる源とは何なのでしょう。

7.6　それはエゴです。エゴは今この瞬間でさえ、独立した状態は依存している状態よりはるかによいことをあなたに証明できる機会を逃さないようにしています。そしてあなたの独立を奪おうとするものは、たとえどんなものであっても拒否すべきだと入念にあなたを説得するでしょう。エゴの声を聞き続けている間は、与えることと受け取ることが同じであることを理解できません。そう信じることもありません。

7.7　あらゆる信念の中でも、この信念を生活の一部にすることがもっとも困難です。誰かに妨害されるたび、与えることと受け取ることが同じなはずはないと思いたくなるでしょう。過去の行動パターンがとっさに現れ憤りを感じ、その状況は不公平だと主張したくなるでしょう。他者があなたに与えずにいるとき、あなたもまた、与えない衝動に駆られるでしょう。

7.8　こうしたパターンが崩壊して平和に生きることが、どれほど重要か、明らかではないでしょうか。誰かがあなたの平和を壊すまでの間だけ、あなたは平和に暮らせるのでしょうか。手に負えない状況が思いもしない葛藤をもたらすまでの間だけ、平和に暮らせるとでもいうのでしょうか。

7.9 融合した状態の中では、支配する役割は存在しません。そうする必要がありません。関係性が唯一の手段であり、関係性の中で行われる交流だけが実在します。関係性こそ、あなたの変化する力の唯一の発信源です。

7.10 変化に対する欲求については、あまり触れてきませんでした。確かにあなたの人生は、引き続き、変化を要する物事の連続でしょう。解説Ⅱの最初で述べたように、このコースはあなたに同じ状態のままでいなさいとは言っていません。変化を許可しない自分を受け入れるよう促してもいません。ただ、こうした教えを知らないまま自分に満足すると、あなたはすぐに自分とは異なる他者や状況に目を向けてしまいます。しかしあなたは、変化をもたらす存在であるべきです。世界に踏み出し、そこで活力として存在するのです。そのとき、このコースの教えと一致した目的を伴っているはずです。では、変化をもたらしたいという思いで世界を歩むとき、古いパターンに従わずにいさせてくれるものとは何でしょうか。

7.11 それは、唯一、世界を歩みながら本当の自分で居続ける力です。確実にその力は、与えることと受け取ることは真に同じであることにつながっています。なぜなら、与えたいという思いを胸に世界を歩んでいても、何かを受け取ろうと期待したり、何も受け取るまいと思ったりするなら、それは古いパターンに従っていることと同じだからです。つまり、世界を変える力はないと証明しているパターンに従っていることになります。

7.12 それぞれの関係性に対し真の自分で臨むということは、それぞれの、そしてすべての関係性において、永遠に続く変化をもたらすということです。ゆえに、あらゆるものに永続する変化をもたらすということです。

7.13 もう一度、第一部の初めの教えに戻りましょう。それは、よき人であり、よき行いをしたいという思いに関する教えです。よい仕事をすることが目的ではありません。本当の自分であることが目的です。あなたの周りを取り囲む幻想を見るのではなく、真実を目撃することが目的です。言い換えれば、悪しき世界では、善人でいることはできないということです。内なる変化がないのに、外側に変化をもたらすことはできません。どこにも属さず何かの役に立つことはできません。あなたは自分の独立性を信じている間は、自分の依存を受け入れられないからです。自分には与えることしかできないと思ったり、他者から何も受け取れないと感じたりするなら、与えることと受け取ることは同じであることを受け入れられないでしょう。

7.14 ですからここで言う新しい姿勢には、自分には必要なものがあることを受け入れる姿勢が含まれます。関係性の中で生きる存在ということは、関係性を必要とする存在だということです。新しいパターンにおいて、執拗に何かを求めたり不健康な形で何かに依存したりすることを防ぐ唯一の方法は、与えることと受け取ることが同じであると信じることです。言い換えると、必要なすべては与えられると信じることです。そう信じるからこそ、必要なものがなくなります。自分が何かを必要としていることを否定することが、このコースの目的ではありません。ただ自分に必要なものは創造主とあらゆる人を含む創造物によって与えられると信じることが、与えることと受け取ることは同じであると信じることです。

7.15 与える目的は、世界と分かち合うべく、あなたの優れた部分や役立つ部分を選ぶことだけではありません。還元する機会を世界に与えるためでもあります。そして、必要なものを満たすやり取りが継続することを認識するためです。お金や時間、誠実さや愛が必要なら、それが必ず与えられると信頼することです。

7.16 信頼するとは、これまであなたが思ってきたような能動的な状態のことではありません。まるで積極的に信頼しようとする態度は疑わしいとでもいうように、信頼に関するあなたの態度は待ちの態勢です。ですからあなたはよく、具体的な結果を願うときに「信頼する」と言うでしょう。本当の信頼とは、待ったり願ったりせず、真の自分として行動することです。本当に信頼するには、あらゆる関係性や状況で真の自分でいるための規律が必要です。本当の信頼は真の自己によって生まれます。

7.17 あなたは自分の考えや感情の正当性を疑問視するゆえに、どれほど頻繁に自分の考えや感情を隠してきたでしょうか。あなた方の中には、月日を経てこの問いに対する答えが大きく変わったという人もいるでしょう。しかしこのコースを学んでから、自分の考えや感情を以前より出さなくなったという人も多いでしょう。あなたは、正直でいよう、かつ真の自己にふさわしくない考えや感情は出さないようにしようという思いで、そうしてきました。また、悪と判断されるネガティブな考えや感情をより一層否定するようになったかもしれません。他者を非難するまいという思いから、以前なら意見を言っていた場面でも、口を閉ざすようになったかもしれません。こうした行為は、あなたが望んだように確信とともに行動する上で準備としては役立ちますが、今一度このコースの学びの本来の目的と混乱しないよう気をつけましょう。

7.18 現在のあなたが未来のあなたのために否定されてはいけません。必要性を、それをなくすためにあるものとして否定してはいけません。自分には与えるものがたくさんあると気づき始めているあなたは、受け取るものもたくさんあることに気づいています。そして受け取るとは、自分に足りないものがあることを暗示しているわけではないことにも気づいています！

7.19 本当の自分であるために必要な規律とは、真の自己を信頼すること、そして関係性において誠実であることです。これは、沸き起こるすべての考えや感情を表現するよう求められているということなのでしょうか。違います。これは、沸き起こる考えや感情を、それらのためにあるハートの内側へ運ぶことを意味しています。あなたはそうした考えや感情を否定せず、まず真の自己へ、つまりハートの内側で融合している自己へ運びます。そこで真実から誤りを選り分けることを学びます。エゴの考えは、ハートという聖なる場の中に長くとどまっていられないからです。ですから真実と幻想を分け、あなたは、今あるがままの真の自己を表現するための規律を育みます。この方法でのみ、あなたの真の自己は成長し変化しなければなりません。そしてこの手段でのみ、与えることと受け取ることを同じこととして行えるようになります。古いパターンを新しいものに置き換えるには、この手段しかありません。

7.20 与えることと受け取ることが同じであると認識することは、融合した状態を認識する上で必須条件です。あなたもわかっているように、自分のなし遂げたことを認識するとともに、実は与えることと受け取ることは同じであるという信念を受け入れることで、時間の機能が変化します。与えることと受け取ることの間には、いかなる期間も待ち時間もありません。必要なものを認識してからそれらが満たされるまでの間には、時差がありません。与えることと受け取ることは同時に起こることだと受け入れられるようになると、ますます時間の必要性は崩壊します。

7.21 前にも述べましたが、この信念を実践に移すことが難しく感じるときがあるでしょう。受け取った認識と必要なものが満たされた認識を得るには、まだ時間がかかるように思えるかもしれません。けれどもこの信念は、経験から得た信念の上に成り立っています。与えることと受け取ることは真に同じだという「経験」をするとき、あなたの信念は揺るぎない確信に変わります。与えることと受け取ることは同じだと認識するあなたの力が、シンプルにあなたのアイデンティティの一部となります。そして、その力は真のあなたの本質として受け入れられます。

第八章　信念：いかなる関係性も特別ではない

8.1　この学びを完了するには、いかなる関係性も特別ではないという信念を実践しなくてはなりません。あなたは特別な関係によって分離し続けるのではなく、本当の自分の真実に対して、完全なる忠誠を誓わなければなりません。恋愛関係は豊富な学びの場を提供します。しかしそれらを、その関係性を特別なものに仕立て上げようとするあらゆるものから引き離されなければなりません。

8.2　第一部で述べたように、あなたが関係性を通して知ることができるものとは、あなた自身の真の自己です。今、あなたはそれを学ぶ場に立っています。関係性の中で本当の自分でいることを妨げるすべてを手放さなければなりません。そして本当の自分を補うものは、すべて受け取らなければなりません。したがって、多くの関係性のあり方において変化を求められるかもしれません。失うことは何もなく、得ることしかないのだと覚えておいてください。そうでないと、喪失と思えるものに脅威を感じるでしょう。あなた自身を捧げる実践も忘れないでください。その実践にこそ、幻想から離れた真実を見出せるからです。

8.3　最初は、本当の自分でいるという目標に徹することが自分本位に感じられるかもしれませんが、そのように徹することが、関係性においてもっとも誠意ある形なのだということがわかるでしょう。本当の自分以外の何かに基づいた関係は、偽りの関係です。今、合図や要求の形であなたのもとに届く呼びかけは、あなたを本当の自分に気づかせ、また本当の自分として生きるあなた自身の力に気づかせてくれるでしょう。そしてそれだけではなく、その呼びかけは、あらゆる人を助けることになるでしょう。これが、与えることと受け取ることは同じだという意味です。あなたが得るものは、誰からも失われません。誰かがあなたに与えるものが、彼らから失われることもありません。あなたが他者に与えても、あなたが失うものは何もありません。

8.4 これらはすべて、真の自己を知りなさい、そして知り得たことに従って行動しなさいという呼びかけです。すべてが、真実に向かうための呼びかけです。しかし、本当の自分の真実はあらゆるものとの関係性を通して明らかになるため、この呼びかけは、真実に至るまでのわずかな間、一種の誠実さを必要とします。

8.5 ここで、新たな受容が必要です。それは以前、あなたに対して求められたことも期待されたこともありませんでした。新たな受容とは、あなたがあなた自身の真実を知っていることと、その真実の不変性を受け入れることです。すでに述べたように、これは、変化を伴わない静止状態を受け入れるよう求めるものではありません。この新たな受容について、さらに説明しなければなりません。

8.6 第一部で繰り返し述べましたが、真実は変化しません。本当のあなたの真実は変化せず、あなたは創造されたままです。けれども、あなたが本当の自分を表現するときのように、形と行動は変化します。本当の自分の真実を受け入れ、真実の不変性を受け入れるようになるには、今この区別を十分に認識しなければなりません。これは探求を終えるようなもので、たどり着いた最後に行う受容です。その最後の受容を通し、あなたは自分自身を「発見」します。これ以上、探求の旅を続ける必要はありません。今あなたが明らかにするあなたの真実は、あなたが新たな道を進むとき、別の真実に変わったりはしません。あなたが今いる道のりは確かなものです。その道の最後にある受容が求められています。あなた方は皆、我が家へ戻った放蕩息子と放蕩娘です。あなたの滞在に期限はありません。あなたは休むためにここにいるのではなく、ここにない何かを探す別の旅を始めるためにここで強くなろうとしているのでもありません。ここは、すでに完成された人たちの場所です。ここが生家です。本当の自分を表現すると、新しいさまざまな冒険に導かれるかもしれませんが、真の自己からあなたを引き離す特別な関係に導かれることは二度とありません。生家から再び離れることもありません。ここは本当のあなたそのもので、あなたがあなたの内側に保っていた「場所」だからです。ここはあなた自身だからです。ここが融合の我が家です。

8.7 虚しい探求をやめることで、どれほどの時間を節約できるでしょう。あなたはすでに到着したので、もう旅を続ける時間は必要ありません。特別な関係が必要とする維持と管理をやめることで、どれほどの時間を節約できるでしょうか。あらゆる関係性が聖なる関係であるとき、あなたは特別性を維持する必要がなくなります。

8.8 こうして再び、かつては天使たちのものであった飛躍的な学びの急成長を、あなたが遂げることになります。あなたはあなた自身の羽であり、関係性であり、あなた自身を運んでいくそよ風とも言えます。

第九章　信念：失うものは何もなく、得るものしかない

9.1　誰かがあなたを助けたい、あなたの必要なものを満たしてあげたい、と思ってくれていると感じたときのことを思い出してみてください。しかし、こうした欲求がすべての関係性にあるとは思わないでください。欲求とその欲求を満たすことの間には、エゴしかありません。必要なものとその必要なものを満たすことの間にも、エゴしかありません。

9.2　「必要」や「依存」という言葉は単に言葉でしかなく、かつて融合していたあなたにとっては、その言葉の意味は想像のつかないものでした。今やそれらは、エゴのマインドを回避するさまざまな練習手段と同じように単なる道具と言えます。そのような道具の中では、ヨガのような身体を使うエクササイズや瞑想や、アファーメーションのようなマインドを使うエクササイズが一般的かもしれません。これらはすべて、エゴのマインドを手放し、今という瞬間に融合、つまりたった一つのマインドを招き入れる手段です。このように見れば、必要なものを含め、あらゆる道具は、学びと取り消しの両方を引き起こし、新しいものがやってくるよう古いものを手放すための手段となります。

9.3　宝物の二つ目の側面について述べましょう。解説Ⅱの最初の方で二つ目の側面として、宝物は大切に守られてきたものだと述べました。それはあなたの手放す力とつながっています。多くの人にとって「特別な関係を

手放す」という考えは、このコースの中でもっとも難解なものとされています。だからこそ、手放す力についてさらに話さなければなりません。

9.4 必要なものが満たされるとき、あなたは、まるでそれが自分の外側の離れたところで起きているかのように反応することが習慣になっています。あなたは、必要なものを満たす役割を他者に、社会に、企業に与え、それを満たしてもらうことに感謝し、しばし恩義を感じます。そして人生が順調で、求めるものが次々と満たされるとき、満たしてくれる力がそこにあるゆえに、必要なものを与えてくれる関係性にしがみついていたくなります。必要なものが満たされなくなると、仕事や愛する人や約束されていたものを失うかのように、そこに損失を見出します。そんなふうに考えているうちは、失うものは何もなく得るものしかないという信念ではなく、失うものと得るものの両方があるという信念を持っていることになります。

9.5 そのような信念はきっと、あなたが執着しがちになるものに色濃く表れているでしょう。何かにしがみつきたくなる思いは、自分の所有物は守られる必要があるという思いや、守る努力をしなければ、それらは安全でないという思いが前提になっています。こうした思いには「所有物」「所有権」といった考えがつきものです。こうした考えと、必要なものが「ある」ことは、どう関係しているのでしょうか。必要なものを「所有物」や「所有権」と同じように定義するなら、必要なものが満たされてしばらく経ったとしても、必要なものはいつまでも「ある」ように感じます。わたしはすでに、あなたには必要としているものがあると述べたので、これは少々わかりにくいかもしれません。

9.6 関係性においては、双方にとって必要なものが満たされるので、これはペアで踊るダンスと言えるでしょう。

9.7 必要なものはすべて分かち合われます。それが、必要なものと欲しいものの違いです。次の二点から、そう断言できます。まず一つ目として、生存から愛に至るまで、必要とされるあらゆるものは文字通り、誰にとっても同じ度合いで分かち合われます。二つ目として、必要なものは、やり取りがなされる中で分かち合われます。必要なものが分かち合われる理由は、誰もがそれを知っているからです。あらゆる存在は本来、すべての仲間が必要とする同じものを分かち合っていることを知っています。また、必要なものがあることと、必要なものを満たすことは、どちらも一枚でつながった同じ布の一部であり、まるでパズルのピースのように、その布を共有していることを知っています。この惑星であなたと人生を共有している他者という存在は、必要なものやそれを満たすこととは関係していません。生き残るために必要なことをすることと、何かを必要だと感じていることは同じではありません。必要なものというのは、思考する生き物の世界にしかありません。思考する生き物は、必要なものを共有します。それが彼らの考え方だからです。ある人が他の人よりも多くを要しているように見えるのは、間違った知覚です。他者よりも多くを要する人などいません。

9.8 あらゆる人に分かち合われるものは、誰にも所有されていません。あらゆる人が持つものは、奪われる危険がありません。あなたは持てるすべてをすでに、完成された存在として持っています。あなたが与えるすべては、あなたから何も奪いません。

9.9 これは、失うものは何もなく得るものしかないという信念に言い換えられます。

9.10 自分の必要なものを否定するのか、それとも正直であるのかによって、関係性のつながりや隔たりは変化します。何かを得るために自分の必要なものを諦めるか否かは、あなたがそれをどのくらい欲しいのか、どのくらい足りないと感じているのかというあなたの信念によります。こうした度合いの中で特別な関係は成り立ちます。だからこそ、あなたが特別な関係でしがちな妥協は、あなた自身の恐れから生じる症状に過ぎないと言えます。

9.11 あなたは満足すると、あるいは必要なものが満たされると、それにしがみついていたくなります。例えば知識、本当の自分、特別な関係に対しても、そのような思いが湧いてきます。成功を収めているキャリアや、インスピレーションを受けて始めた制作プロジェクトのような、あなたがつい宝物だと思ってしまうものについてもそう言えます。

9.12
このように、しがみついていたいと思った途端、学びと取り消しの両方が停止します。やっとここまで到達したと思える状態や、必要なものが満たされた状態を保っていたいという気持ちが、停止したレベルを作り出します。それがどんなによいこと、正しいこと、意味あることであっても、停止し続けることで創造性が失われます。

9.13
では、より多くを得るために、あるいは発展と思えることのために、さらなる努力を続ける以外にどうすれば絶えず流れる創造にとどまれるのでしょうか。そのためにはまず、あなたを駆り立てる衝動を断ち切る手段が必要です。あなた方は形ある生命として数千年にも渡り、身体を維持する生存本能といった特定の本能を強化してきました。

9.14
創造が続く融合の場には、そのような停止したレベルというものは存在しません。そんな状態を望むべきではありません。自分がしがみついている状態にあると自覚するなら、それはエゴや恐れに基づいた考えがほんのつかの間、戻ってきた警告だと受け止め、合図として役立たせればよいのです。けれどもこれは、あなたが決して休息できないとか、常に融合にたどり着こうと忙しくしていなければならないとか、そういう意味ではありません。すでに述べたように、あなたは融合にたどり着いています。融合した状態のときだけ、休息は存在します。

9.15
あなたはこれまで自分が必要としているものを、ここで述べる他の道具のように価値ある道具としてとらえたことがありませんでした。したがって、こうした思考の調整は受け入れ難いものに感じられるかもしれません。関係性につきものである必要性や依存を見極めることで、どのようにエゴの思考を回避できるでしょうか。これまであなたは、自分に足りていないものを知らせてくれるものとしてしか関係性を見てきませんでした。そのため、エゴのマインドを回避できませんでした。関係性に対する知覚が変われば、エゴのマインドが、関係性にまつわる心配事を餌にして大きくなることはありません。エゴのマインドを膨らませる餌は恐れです。最後の恐れを取り除くことで、文字通り、エゴのマインドを餓死させ、存続不能にすることができます。

9.16 必要性の相互関係を理解すれば、自分が必要とするものについて正直になりやすくなります。その結果、必要なものが満たされます。すると、必要なものを定義づけたり見極めたりする必要がなくなります。必要なものはいつでも直ちに満たされると信じられるようになるまで、必要なものはただ、必要なものとしてあなたの意識に上ります。必要なものは満たされると信じられるようになれば、必要なものに関して一切考えなくなります。必要なものやそれらを満たすことについて考えなくなると、特別な関係に対する関心もなくなります。特別な関係を手放すとき、失うものは何もなく得るものしかないと気づくでしょう。

9.17 自分の必要なものを満たしてくれそうなものにしがみつく行為は、息を止めることに似ています。あなたは、息を長く止めてはいられません。あなたは、息を吸って吐いて呼吸して生きています。自分の必要なものは特別な関係による特別な方法でしか手に入らないと考えたくなるときは、息を止めているようだというこの例を思い出してください。楽に息を止めていられなくなるほど、必要なものは特別な関係からしか得られないなどと考えないでください。息を吐いて恐れを手放し、特別な関係から聖なる関係に移行してください。

9.18 必要性と依存を受け入れるこの段階は、経験する学びの場としてのみ必要です。そこで信頼が養われます。その信頼にいったん気づくと、必要なものについて考えなくなるように、信頼についても考えなくなります。

9.19 このような観点で考えなくなるときがもうすぐくるでしょう。そのとき、それが貴重な能力であり、大きな時間の節約になることがわかるでしょう。古い考え方をしなくなると、あなたはまさに本当の自分としてそこにいることになります。

第十章　信念：融合の中でしか学べない

10.1 あなたは、このコースのレッスンを道具とするために懸命に取り組まなければなりません。多くの人は、上手くいくまでこの取り組みに飽きることはないでしょう。真実はまず定説となり、そして絶対的なものになります。停止した状態を受け入れることでそうなります。停止した状態は、そこで創造が行われていないので、生きた状態とは言えません。このコースは、従って生きるためのものです。ですからあなたは、このコースを「受ける」のではなく「生きる」よう求められています。あなたが教師と学習者の両方になるよう呼びかけられているのはそのためです。教師と学習者になることで、与えて受け取る交換が生じます。与えることと受け取ることは同じですが、この交換こそが融合です。

10.2 ある方法でしか必要なものが満たされないという考えは、置き換わった別の信念と似ています。その信念は『奇跡のコース』で初めて伝えられました。そこには「自分自身の教師でいることをやめなさい」とあります。自分が教師であるという信念は、融合の中でしか学べないという信念に置き換わりました。

10.3 特定の何かを思い出そうとするときのことを考えてみてください。例えば名前や住所、夢や特別な出来事など何でもよいですが、大概はその記憶が自分のところへ戻ってくるかのように感じるものでしょう。またその記憶は、手でハエを払うかのように、いとも簡単に当然のように押しやられた記憶のようにも感じるでしょう。

あなたはその情報が自分の中にあることを知っていますが、ほとんどの場合、その情報にアクセスできないことを受け入れざるを得なくなっています。その情報はどういうわけか、あなたの意識から締め出されています。その記憶はそこにあるのに、見えない手で追い払われているかのようです。その情報はどこへ行ってしまったのでしょうか。あなたからその記憶を隠しているものは何なのでしょう。そんなときは、自分の記憶の悪さに苛立ち、「今日はアタマがよく働いていない」などとつぶやくこともあるでしょう。融合による学びを掘り下げていく際は、この例を心にとどめておいてください。

10.4 あなたは頭脳と同じように融合について考えるかもしれませんが、融合を単独のものとして考えるのではなく、倉庫や巨大な頭脳のようなものだと考えてください。そこにはあらゆる知識と思考が詰まっています。この描写から、スーパーコンピューターを生み出した技術を思い浮かべる人もいるでしょう。この描写に不快感を覚える人や、興味をそそられる人もいるかもしれません。とはいっても、自分自身の知る能力とスーパーコンピューターの知る能力を取り替えたくない人はどれだけいるでしょうか。

10.5 これはただの描写ですが、その取り替えの逆は、融合を単独のものに取り替えることに似ています。あなたはあなたの知る力を、経験を知る能力に狭めました。知ることに関するこの描写は、スーパーコンピューターの保存情報とはあまり関係ありませんが、それでも価値あるものです。スーパーコンピューターが求められた情報を提供するには、知識豊富なオペレーターが必要です。あなたも入手可能なすべてにアクセスするには、知識を得なければなりません。

10.6 必要なものは、あらゆる人に同等に分かち合われるために現れます。真に知ることも同じです。必要なものは、その本質について話し合われ、ただ欲しいものと区別されるために現れます。同じように今知ることが、知性とされるものから区別されなければなりません。

10.7 あなたは、自分の知っていることが経験に通じると思ってはならないと告げられています。それでもあらゆる人が持つありとあらゆる種類とレベルの経験に匹敵する知識を、あなたが持っているとは告げられていません。人よりより多くの真実やより少ない真実を知ることができる人などいません。

10.8 あなたのマインドが思い出せる範囲の外側に、あなたとあらゆる人の知る真実が存在します。あなたの能力を超えたところにあるように見えるものにアクセスするとき、それは、あなたの内なるキリストの中で起こります。エゴについては、その知識を追い払った手のようなものと考えることができるでしょう。

10.9 あなたは教師である自分に頼ってきましたが、あなたが頼ってきた教師とはエゴのことでした。

10.10 あなたが常に忘れていることがあります。あなたの内なるキリストこそ、地上における学習者であることです。内なる学習者が全能であるとき、電子頭脳やエゴが教師になる必要があるでしょうか。内なる学習者は、融合した宇宙の力そのものです。あなたが必要としている学びとは、本当のあなたを呼び戻し、あなたのマインドとハートを一つにさせる学びです。それこそがすでにある知であり、エゴによって追い払われた記憶です。

10.11 では、なぜこれを学びと呼ぶのでしょう。学びとは単純に、知ることを意味します。知っていることを忘れたのなら、再びそれを知らせてくれる学びが必要です。

10.12 でもエゴで学ぼうとしている限り、つまりこれまでと同じやり方で学ぼうとしている限り、あなたは学びません。そんな学びの過程に関っている「あなた」は、本当のあなたではないからです。

10.13 内なるキリストが、本当のあなたです。内なるキリストとは、あなたがハートとマインドを再び融合させ、完全な心で到達する真の自己です。ですからこれまで述べたように、マインドとハートの融合が最初の融合であり、それは何よりも先に起こるべきものです。あなたは完全性に達したとき、融合した状態になります。その状態こそ、あなたが学べる状態です。わたしがここにいるのは、あなたに内なるキリストにたどる道を示すためです。完全性に戻る準備をあなたにさせるために、わたしはあなたのハートに訴え、教えを説き始めました。融合した状態では、あなたが学んだすべてが分かち合われます。それらはまず、マインドとハートで分かち合われ、のちに兄弟姉妹と融合して分かち合われます。あなたは唯一の声に耳を傾けること、つまりエゴが存在する分離した状態を終えることでのみ、その状態に達します。分離した状態を終えることやエゴの終焉は、融合したわたしたちが分かち合う唯一の声を、聞き取っていく力の始まりを意味します。

10.14 その声は、何千という方法であなたに語りかけています。それは、愛の声、創造の声、生命の声、確信の声です。その声によって、あなたは日々歩み、真の自分としてあらゆる経験をします。その声が、支配せねばという感覚や宝物を守らねばという思いから、あなたを解放します。その声は、昨日の自分にしがみついたり明日の変化を阻止したりしようとする停止状態から、あなたを解放します。

10.15 最初に述べたように、内なるキリストに学ぶ必要があると思うことの難しさがわかるでしょう。なぜそうであるべきなのか少し考えてみてください。知ることがふさわしくない瞬間などあるでしょうか。知ることは継続することだと考えない理由がありますか。

10.16 繰り返しますが、停止した状態を望むことは、あなたにエゴの声を聞かせることになります。なぜならエゴの指示は、ある状況のために学んでそれを速やかに忘れることとか、特定の結果を生むために学ぶことだからです。多くの人は、学ぶこと自体を目的にして学びたがっているにも関わらず、自分のレッスンを自ら選ぶ力を渋々手放しています。わたしたちは今、人生から学ぶことではなく、知覚したままを学ぶことについて話しています。

10.17 人生を学習過程のようにとらえると、学ぶという概念にどんな違いが生まれるでしょうか。果たして、自分のレッスンを他者に選んでもらいたいと以前よりも思ったりするでしょうか。

10.18
あなたの計画や夢は、選ばれたレッスンでなければ何だというのでしょうか。あなた自身はそうは思っていません。あなたは、人生についても学びの場だとは思っていません。あなたは、レッスンとは特定の事柄のためにあるものだと思い、人生が計画通りに進まないと、自ら選んだ道を否定されたように感じます。そしてたびたび喪失感を覚え、何かを得た感覚になることは滅多にありません。人生が思い通りに進まない限り、恵まれているとは思いませんし、祝福されているとも思いません。計画通りにいかなかった状況を振り返るとき、たとえ実りある経験や機会に恵まれていたとしても、あなたは自分が恵まれていたとは思いません。

10.19
内なるキリストは、計画を必要としません。知ることは必要ですが、計画は必要ありません。内なるキリストは、あなたにレッスンの計画を選んでもらう必要はなく、あなたの人生そのものがあなたの選ぶ学びの道となることを求めています。

第十一章　信念：わたしたちは関係性と融合の中で生きている

11.1 内なるキリストは、関係性そのものです。第一部で述べたように、あなたは関係性の中で生きている存在です。あなたはそのように創造され、そのように存在しています。これがあなたの真実です。あなたの見方であなた自身を見る場合でも、これが事実です。このことについて先で指摘したのは、あなたに本当の自分を受け入れてもらうためです。また、自分自身をゆるし、この真実についてあなたが責任を担うあらゆる人たちに向けて、ゆるしを届けてもらうためです。ゆるしが今、二つの異なる方法で拡張されました。一つは、あなたをこのように創造した創造主をゆるすとき、もう一つは、あなたが本当の自分ではない誰かになりたがるよう、あなたに教え込んだ世界をゆるすときです。ここでは、関係性の中で生きているという信念を、日々の生活に取り込む方法を示すことを目指します。

11.2 たとえあなたが本当の自分でいたいと思い、本当の自分をより明確に理解していたとしても、他者のことを古いルール、つまり神や愛の法則ではなく人の法則において生きる人と知覚する限り、真の自分として世界を生きることが難しく感じられるでしょう。また周りの人たちが彼ら自身の分離を確信し、それを崇めようとしているとき、関係性の中で生きることが不可能に感じられるでしょう。そして、世界を人の法則によって機能するものと見なすでしょう。そのように世界を見る間、世界の法則で生きることを余儀なくされ、苦悩が生まれます。あなたは、今やどんな苦悩もエゴの存在を知らせる警報だとわかっているので、永遠にエゴを去る代わりにエゴと闘い続けます。

11.3 エゴとの闘いは、多くの優秀な学習者にとって最大の関心事でした。それは古典的な闘いであり、戦争や争いを描く物語や神話でも語られています。あなたは天使に対してさえも、そんな闘いが挑まれるところを想像したりします。エゴは殺害されるべきドラゴンであり、倒されるべき邪悪な暴君です。これは一対一の闘いです。もしヒーローがいるなら、どんなヒーローでも味方になって一緒に闘ってくれる、そんな闘いです。

11.4 あなたはエゴとの闘いを終えることで、平和を呼び起こします。エゴはこれまで、あなたのアイデンティティとして知られてきました。身体が、死を迎えるまではあなたと一緒であるように、エゴはずっとあなたと一緒です。けれども身体をアイデンティティや我が家ととらえず、自分の役に立ち、表現する際に使えるものととらえるようになると、エゴがあなたのために貢献できることはなくなります。エゴは唯一の虚偽です。エゴは多くの名前と顔を与えられてきましたが、あなたが唯一エゴに与えたものは、真実や神と闘う力です。自分が神と一つであることを常に心にとどめておいてください。そして、神と闘うためにあなたが誘う相手は、あなた自身であること、つまりそれは、自分自身との闘いに過ぎないことを忘れないでください。

11.5 愛である神は、真実のために闘うことはしませんし、防御を必要としません。真実が虚偽に脅かされることはありません。真実はただ、愛やあなたと同じように存在しています。「何かが存在する」と言うとき、わたしたちは真実のことを話しています。「あらゆる真実は一般化される」「必要なものや知識はすべて分かち合われる」と言うときも、わたしたちは真実のことを話しています。

11.6 全が無に脅かされることはありません。

11.7 だからこそ、かなりの時間を割き、必要なものについてこれまでとは異なる方法で話してきました。実在するすべてが分かち合われると理解しているときだけ、エゴは力を失うからです。エゴは、分離を信じる信念から生まれました。そのあとに生まれたあらゆるものも、同じ信念から生まれました。あなたの真のアイデンティティは、融合を信じる思いから、もう一度生まれなければなりません。関係性の中で生きていることを受け入れるとき、そこには融合を信じる信念がすでに存在しています。関係性と相反するものはすべて分離であり、真のアイデンティティと相反するものはすべてエゴです。

11.8 けれどもすでに述べたように、あなたの一番古い記憶をたどっても、エゴはずっとあなたと一緒でした。エゴはこれからもずっとあなたと一緒です。その様子はまるで、身についたあらゆる行動や考えが新しい学びに完全に置き換わるまで、ずっと一緒であるかのようです。ゆえに学びは、新しい信念を補うものでなければなりません。学びの究極のゴールは、あらゆる信念の必要性を終わらせることです。

11.9 そして、この学びをあるがままに受け止めなくてはなりません。これはもっとも神聖な取り組みで、原因と結果が同じであることを示す最終的な証です。今、あなたが熱心に取り組むこの学びが完了しなければなりません。あなたの意志が完全なものとなり、マインドとハートが一つになって完全な心になるという、あなたの学びが今、終わらなければなりません。

11.10 自分自身と世界についてこのように思考を逆転させることが難しいと思うとき、エゴの声を聞いているのだと気づいてください。内なるキリストは難しさを知りません。

11.11 わたしたちはなぜ内なるキリストと、関係性そのものであるキリストの両方について語れるのでしょう。なぜキリストが、完全な人間と完全な聖なる存在の両方であると言えるのでしょう。あなたと関係性の間に境がなく、人と聖なる存在に区別がないときだけ、これらのステートメントは真実と言えます。

11.12 分離したものは、それでもまだ関係性の中で存在しているに違いありません。これが先のステートメントの真実を理解する鍵です。なぜなら、あなたが分離を選んだからといって関係性の存在が排除されることはなく、融合した存在は、関係性の中にあり続けるからです。関係性を持たずに分離を選ぶことができたなら、エゴがあなたに押しつけたセルフイメージが、あなたの真のイメージになっていたはずでしょう。でも生命は関係性から離れて存在できないので、分離の選択は、実は選べるものでも神の法則をひっくり返すものでもありませんでした。分離を選んだというあなたの信念や、真実になり得ないものが真実になったというあなたの信念は、エゴに他なりません。

11.13 学びを途絶えさせないよう、別の方法で分離について話していきましょう。分離について、存在しないものではなく存在するものとして話してみましょう。もしあなたが分離した存在として生き、その存在維持の条件に関係性があるならば、それは関係性の中で生きているというのと同じではありませんか。心臓がなければ、身体は生きることができないというのと似ているのではないでしょうか。生きた身体に不可欠なのは、身体が存在するという事実ではないでしょうか。これらの描写は、身体から離れたところに生命は存在しないと言おうとしているのではなく、分離した存在として地上で生きるには、条件があるということをわかりやすく伝えようとしています。その条件が関係性です。関係性は、あなたと創造主を永遠に一つにつないでいます。

11.14 関係性の聖性と重要さをあなたのマインドに永遠にとどめておくために、ここでは関係性をキリストと呼びます。分離したアイデンティティとあなたの関係をエゴと名づけたように、キリストの名が与えられました。

11.15 今ここで、唯一実在する関係を選んでください。そして、実在していない関係を一掃してください。

この二つの考えから、闘うという概念が生まれました。その概念は、あなたがエゴの実在を確信している間だけ存在し続けます。あなたは、エゴが実在すると信じている以上、自分の中に二つのアイデンティティがあるように感じます。そして無数の方法や形を通して、闘う自分を見ることになります。決してキリストとエゴの間に闘いがあるわけではありませんが、そんな闘いがあるように見えるのです。あなたはエゴから自分を守るために、ハイヤーセルフであるキリストによく語りかけるようになるでしょう。これは祈りに対するあなたの古い考えと非常に似ていて、実在する何かがあることを前提にしています。あなたは、その実在するものから自分を防御したり守ったりしなければならないと思ってきました。キリストを救世主とする考えはこのように生まれました。これは、良心で行動し、よきことを擁護するキリストと、悪で行動し、悪を擁護するエゴとともに、善の自分と悪の自分がいるという信念です。これは愚かな言い草ですが、あなたの思考に今なお蔓延している狂気の現れです。あなたは、こうした葛藤の源が、世界で実在するように見えるあらゆる葛藤の源だとは気づいていません。善と悪の闘いは、あなたがそれを信じる限り、まるではるか昔から続いてきたかのように目の前で繰り広げられます。これが、あなたの続けたいことでしょうか。ここで示されているものは、あなたの思考のほんの一部ではないでしょうか。そしてその思考力が、あなたの見る世界を形成していることを明らかにしているのではないでしょうか。

11.16 狂気に代わるものが存在します。それは、エゴの自分に対するあらゆる信念を取り消し、キリストの自分に対する信念で置き換えます。つまり、総取り換えをするのです。エゴとキリストの両方のアイデンティティにしがみついている以上、世界は変わらず、あなたが本当の自分を知ることはありません。あなたは本当の自分を知っていると思いながらも、よきことのために勇敢に悪と闘って、無駄な時間を費やすかもしれません。しかし、それは新しいやり方ではありません。そんな闘いのために努力することには何の価値もないことが明らかになるでしょう。

11.17 わたしは、生まれてからあなたが身につけたアイデンティティが新しい学びと入れ替わるまで、エゴはあなたの中で生き続けると言いました。あなたは多くを学んできましたが、まだ確実に、エゴと自分は一体だと思うことがあるでしょう。そしてそのエゴを入れ替えなければ、奇跡はどのように生じるのだろうかと頭を悩ませるでしょう。その入れ替えが、まさに奇跡です。あなたは、その奇跡のためにこのコースを学んで準備をしてきました。

第十二章　信念：訂正とアトーンメント

12.1 奇跡は思考です。わたしは、誤った思考を訂正する者です。あなたは、訂正する準備を整えました。訂正、あるいはアトーンメントへの信念こそ、実践しなければならない最後の信念です。

12.2 奇跡は愛を通してなされるものです。あなたは完了した学びを通し、奇跡に対する準備を整えました。奇跡が利用されることはあり得ません。そのため、あなたの学びには、奉仕と利用を区別する能力の習得も含まれていなければなりませんでした。奉仕は、正しい行いを通して調和へ導きます。あなたは誤りと真実の区別ができるまで、奇跡の力を受け取ることはできませんでした。

12.3 奇跡の力は、ここで述べてきた信念の集大成です。ここでわたしがあなたに差し出そうとしている奇跡は、わたしからあなたへの奉仕です。それは、あなたが他者に行う奉仕の前兆でもあります。

12.4 奇跡は仲介です。合意のようなものとも言えます。奇跡は自由意志を奪いはしませんが、真実に応える意志を解放します。奇跡とは、受け取ることと与えることは真に同じであることを最終的に受け入れることです。

12.5 あなたは、奇跡を理解していないと感じるうちは、奇跡を信じる気にもなりませんし、自分をミラクルワーカーだと思うこともありません。奇跡を信じることとアトーンメントや訂正を信じることは同じです。自分の思考以外のものが訂正されるべきだと思っている間は、あなたは間違った考え方をします。正しい思考は、奇跡の領域にあります。

12.6 奇跡に関する学びが目指すところは、ここで定める学びの目標と同じく、信念を超えてシンプルに「知る」ということです。つまり奇跡を信じる先にある、ただ知っている状態に到達することです。知るとは、真実を知ることであり、正しい思考をすることです。知っている状態や正しい思考に戻ることは、奇跡を意味し、同時に、奇跡を必要とする状態の終わりを意味します。あなたは、本当の自分のまま世界を歩むとき、あなた自身が奇跡となって絶えず奇跡を表現していくことになります。

12.7 思考力と祈る力が一つになると、それは常に仲介する力を求めるようになります。それが奇跡です。解説Ⅱで呼びかけについて多く話してきたのはこのためです。あなたは呼びかけを受け取るだけでなく、それを与えることを学ばなければなりません。あなたは、呼びかけを贈り物、宝物、学ぶ道具ととらえるようになりました。同様に、仲介を呼び起こす自分の力を、兄弟姉妹に渡せる贈り物や宝物と考えるようにならなければなりません。

12.8 呼びかけが内なる宝物を知らせてくれるというなら、あなたはなぜ奇跡を求める心を持つ者として、周りの宝物を奮い起こすために呼びかけずにいられるというのでしょうか。

12.9 これまであなたが知覚してきた「他者」とあなたの間には関係性が存在し、そこにはいつ起きてもおかしくない奇跡が潜んでいます。第一部で、関係性は一つでも二つでもなく三つ目があると述べましたが、ここでもう一度それについて述べます。キリストこそが関係性であり、内なるキリストが本当のあなたであるならば、すべてを包括する関係性が三つ目であり、それが聖なる関係です。それはあなたの内側と外側にあり、あなたを含むあらゆる人々が持つ関係性もそこに含まれます。

12.10 この聖なる関係こそ、庭師が庭を耕すように、あなたが育むよう求められているものです。庭師は植物が種の中で完成していても、大地、水、光、空気との関係性が必要であることを知っています。庭師はまた、植物を実らせ、植物の豊かさを示すには、庭の手入れが役立つことを知っています。さらに、自分がその関係性の一部、つまり庭の一部であることを知っています。真の庭師は、悪い種があるとは思いません。自分が庭を管理しているとも思いません。真の庭師は、庭の偉大さを受け入れ、そこに美を見出します。

12.11
この例えは、聖なる関係を受け入れることに似ています。つまり、さまざまな要因が均一に相まって引き起こされる受容です。内なるキリストは、あなたの種子であるかのように例えられてきましたが、ここで明らかなのは、キリストはあらゆるものが持つ関係性であり、それが種を実らせるということです。エゴは、種子だけが大事であると信じている庭師に例えられるでしょう。庭師は夢中になって、大地、水、光、空気との関係性を持たないまま種が実るよう奮闘するかもしれません。その場合、その種が奮闘の源であり続けるでしょう。エゴは、あなたの中ですでに関係性を通して完成されたものを囲い込み、それがあるがままに表現されないようにします。エゴは、あなたは価値ある人間だとささやきますが、本当のあなたに必要な関係性を否定し、あなたが本当のあなたになることを阻止します。

12.12
すべてを包括する聖なる関係は、あなたの内側と外側にあり、あなたとあなたが関係するあらゆる人々の中に存在しています。あなたは、そんな聖なる関係を育むために生きるよう求められ、兄弟姉妹にもそう呼びかけるよう求められています。

12.13
いつどんな状況でも本当の自分として生き、表現し、行動できるよう、これまで述べてきた信念を胸に生きてください。そうできる力を、あなた自身と兄弟姉妹のために使いましょう。このような生き方を通し、本当の自分と今蘇るあらゆる記憶を表現していきましょう。庭師はあなたなのですから、その記憶を育み、開花させましょう。

12.14

今、あなたの内側と外側にある融合を受け入れてください。あなたとあなたが関係するあらゆる人々の中にある融合を受け入れてください。抱擁と愛を感じてください。それが融合です。それはあなたであり、わたしであり、創造主であり、あらゆる創造物であることを知ってください。

第十三章　信念：最後の呼びかけ

13.1 解説Ⅱの最後の呼びかけは今までとは異なり、わたしからあなたへの個人的な呼びかけです。あなたはそろそろ、自分を神に明け渡すことへの恐れには根拠がないとわかってきている頃でしょう。個人というマントに覆われたその下で満たされるために、一人離れて佇む必要のないことがわかってきました。あなたは、新たなアイデンティティである新しいマントを羽織りなさいと言われてきたのです。これはどういう意味なのでしょう。

13.2 あなたの準備が整ったので、あなたを真のあなたに戻すわたしの準備も整いました。あなたの準備が整ったからこそ、わたしたちが個人的な関係を結ぶときがやってきました。これまでのレッスンは、あなたを個の自分から引き離すものでした。わたしは教師として、あなたとの関係性において、個の自分にはあまり注意を払ってきませんでしたが、わたしたちは今、融合して再び個になる準備ができています。

13.3 解説Ⅲのタイトルは「個の自分」ですが、これは、わたしからあなたへの招待状と言えるでしょう。特にわたしと個人的な聖なる関係を結んでもらうためのものです。地上にいる間、あなたには人格があります。その人格がエゴの自分でなくキリストの自分であったとしても、それはまだあなた自身の人格です。その人格は、この世で友と笑い、愛し、泣き、分かち合う「あなた」のことですが、今やそれは、かつてあなたが知覚していたものとは違います。わたしはこの世を知り尽くし、そこを通り抜けるあなたを導くためにここにいます。そしてわたしもまた、あなたの友です。

13.4 わたしは、誤った思考を訂正する者です。わたしは考える者として、あなた方と一緒に生きたことがあるからです。わたしについて、あなたとは違う存在だと思わないでください。するとわたしたちが、父なる神とともに生きる存在として、真に一つであることがわかるでしょう。分離のときが終わり、周りで融合が起こり始める世界に足を踏み入れるとき、解説Ⅱで述べた信念を実践してください。融合のときを迎えると、真実はあらゆるものと分かち合われていくことを知ってください。

13.5 あらゆる兄弟姉妹が融合に回帰するよう、わたしがあなたに手助けをして欲しいと願うように、あなたもわたしとの関係があなたの支えになるよう願ってください。わたしたちは、感謝の念をもって互いに呼びかけ合っています。これが完全な心の態度です。その完全な心から、あらゆる呼びかけがなされ、受け取られます。そこで、マインドとハートを融合させた人たちによる真の思考が生まれます。感謝とは、神の恵みを受けている状態を認識することです。あなたは神の恵みの中でここに存在し、時間やあらゆる形を超越して永遠に存在し続けます。今わたしたちの間には、賞賛と感謝の念がよどみなくあふれています。天国の光はあなたに降り注がれるのではなく、あらゆる人たちの平等なやり取りの中で与えられ受け取られます。そのあらゆる人たちは、創造の内側で、永遠のワンネスの内側で存在します。

13.6 本当の自分を忘れないでください。地上での経験を喜ぶことを忘れないでください。あなたはかつて、人生を深刻にとらえていました。その深刻さはエゴのものだと覚えておきましょう。あなたという人格を平和と喜びのマントで包んであげましょう。この世をもうしばらく歩んでいく個のあなたを介し、本当のあなたを照らしていきましょう。わたしは、あなたの地上での目的へとあなたを導き、あなたとともにいます。その間、わたしの声に耳を傾けてください。わたしたちは、愛を分かち合うために愛の内側で一緒にいます。この課題はそれほど怖いものではありません。恐れを手放し、わたしとともに歩んでください。解説Ⅰで述べた通り、形を高次元へと引き上げようとしている今、わたしたちの旅が始まりました。

解説Ⅲ　個の自分

第一章　真の象徴と誤った象徴

1.1　個の自分は、あなたが他者に見せている自分として存在します。このコースを終えたのちも、個の自分が存続するにはその方法しかありません。かつては他者に見せる自分は、これぞ自分と思っているエゴの自分を象徴するものでした。けれども今、エゴは個の自分から切り離され、あなたは再び個の自分を主張し、真のあなたを象徴する存在として、それを他者に示します。

1.2　いずれも象徴ではありますが、真の象徴と誤った象徴には大きな違いがあります。

1.3　あなたは、エゴが自分であると誤って示したことで、今見ている世界へと導かれました。解説Ⅲで取り組むことは、真の自己を象徴する存在になることです。そうなることで、あなたは真のヴィジョンと新しい世界へ導かれます。

1.4　真実を象徴するものは、真実を示すだけでなく真実そのものになります。真実でないものを象徴するものは、幻想を示すだけでなく幻想そのものになります。ですから、個の自分が真実を象徴する存在になれば、それは本当のあなたになります。

1.5　これまでの取り組みと同様、ゴールを目指す際の最初のステップは、真実でないものへの認識を深めることです。真実と虚偽を見極める力とは、愛から恐れを引き離す力のことだと繰り返し述べてきましたが、ここでさらなるガイダンスが必要です。

1.6 人生のほとんどを、エゴを象徴することに費やしてきたあなたは、幻想に顔を向け、幻想を実在するように見せてきました。わたしが、あなたはエゴの思考体系に忠誠を尽くす間、エゴの自分を象徴してきたと言うとき、それは身体で象徴される個の自己が、実在しない自己、つまりエゴになっていたという意味です。実在しない自己は、実在しない現実に生きるしかありません。舞台の上の俳優のように、そこであなたが演じる役は舞台セットと同じくらい非現実的です。それでも役を演じてきた「あなた」がいて、その役はエゴの指示で成長する間、ほんの少しだけ本当のあなたを見せて感じてもらい、認めてもらうことを許可されました。

1.7 エゴの思考体系が融合の思考体系に置き換わり、おそらくあなたはどの役を演じればよいのかわからないと感じているところでしょう。あなた方に求められた変容という経験の変化が、まだ見えないという人はいるかもしれません。しかし確かに起きているこの変容を、まだ経験し始めていないという人は一人もいません。そうした変化はきっと、あちこちで見られる態度や行動の変化という具合にわずかなものに思えるでしょう。けれどもその変化は非常に強力で、それは、このコースの学びによって原因が変わった結果なのだとわたしが断言します。

1.8 解説Ⅲの最初で、個の自分はあなたが他者に見せる自分として存在し、その方法でしか個の自分は存続できないと述べました。これはあなたがかつて、単に象徴する以上のものとして個の自分を信じていたことを示しています。真実とつながれば象徴したものはあるがままに認識され、それはあなたの真実として受け取られます。あなたはかつて幻想を象徴し、それが自分の真実だと誤ってとらえてきました。それが、今まで見てきた苦悩や対立の世界へとあなたを導いていました。

1.9 これから起ころうとしている変化は、認識と関連します。個の自分を象徴する存在として認識できれば、個の自分が象徴する真の自己を認識できます。これまでのあなたは、エゴを象徴する個の自分が自分だと信じてきましたが、それは幻想でした。その幻想が妨げとなり、あなたは真の自己に気づけませんでした。真の自己は幻想の中で隠れ、あなたという形によって象徴されていました。そしてこれまでは、それがあなたの真の姿だと思われてきました。そんなあなたの真の自己が今、幻想の霧から出る準備を整えました。

1.10 今となっては、個の自分が他者に見せる自分でしかないということは、個の自分は真の姿を見られることをやめるという意味です。

1.11 個の自分はあなたが他者に見せた自分としてだけ存在していたと言うと、全然違うステートメントになり、まったく別の意味合いになります。あなたが他者に「自分」として見せていた個の自分は、時間の中で存在し、過去が今の自分を作り、今の自分が未来の自分を作り出すと信じていました。今まであなたが他者に見せていた個の自分は、選ばれた自己であり、あなたが見てきたいろいろな「自分」からも明らかなように、それは決して完全な自己ではありませんでした。これまでの個の自分には、さまざまな役割がありました。それぞれの役割は、俳優が役を演じるように体得されました。あるときはプロフェッショナルな自分、あるときは社交的な自分、あるときは親としての自分、またあるときは友人としての自分、という具合に。そんな状態であなたが見ていたものは誤りでしかありません。それは過去の自分、現在の自分、未来の自分と決めつけることと同じくらいおかしなことです。その中でも、一人でいるときの自分と他者に見せる自分はまったく別人であるように、私的な自分と公的な自分はもっとも異なると言えるでしょう。幻想の中には、隠れた自分がいるということです。

1.12 隠れた部分がない完全な自己になること、分裂していない真の自己になること、それが、わたしがあなたに差し出している課題です。わたしは、あなたがその課題をやり遂げる手助けをするためにここにいます。わたし自身、その課題を地上で終え、永遠にやり遂げたので、わたしと一緒に歩んであなたにもやり遂げてもらおうとしています。すでに述べたように、完成された真の自己とはキリストのことです。キリストの自分を思い出すことで、エゴの自分を滅ぼし、個の自分のレッスンを始めることができます。

1.13 カリキュラムを始められなかったのは、このコースのレッスンをしなければ、個の自分とエゴの自分を区別できなかったからです。とはいっても長い間、個の自分はエゴの自分と結びついていたため、身体の自分に焦点を当てる危険性は今でもあります。やっとエゴを打ち負かしたとしても、エゴの思考体系のパターンは取り消されないまま残ります。これが今までの罪の償い方でした。わたしたちは今、過去の過ちを訂正するために取り組んでいます。唯一、それをできるのが現在です。わたしたちは、すでに持っているものを使って取り組みます。つまり、真実を余すところなく象徴できる形を使って取り組みます。そうすることで、わたしたちは生命に真実をもたらし、生命もまた真実へと導かれます。

第二章　象徴の目的

2.1　象徴としてのみ存在する目的は何でしょうか。これについて、本来の目的という見方で考えたり、新しい方法で真の自己を分かち合う観点から考えたりするかもしれません。芸術と呼ばれる表現は、新しい方法で真の自己を分かち合う情熱を示しています。それは関係性の中で観察し交流し合う真の自己を表現することであって、封じ込められた自分や、自分が考える自分を表現することではありません。一人の個人に関することや自叙伝のようなものや分離した自己を、表現することでもありません。それはむしろ真の自己が関係性の中で見るもの、感じるもの、思い描くもの、想像するものを表すことであり、融合した真の自分を表現することです。

2.2　芸術の目的とは何でしょうか。芸術とは、芸術家が分かち合おうとしたものを象徴するものですが、それを見て、価値がない、無駄だと言う人は少ないでしょう。芸術は象徴ですが、同時に作品と呼ばれるものになります。芸術は、認識が広まることで作品になります。言い換えると、広く知られることで作品になるのです。芸術は、真の関係性が行うものであり、真の関係性の目的、真の関係性そのものでもあります。

2.3　あなたが分離を選択したことについては述べましたが、それはそう選択したように見えているだけだったということについては述べていませんでした。あなたは新しい方法で自分を象徴し、表現し、分かち合うことを選びました。形を使って真の自己を象徴する選択は分離を選ぶことですが、それは、あなたが思うような分離そのものが求められたからという理由で起きたのではありません。あなたは神から分離して独立していられる自由意志を受け入れたときと同様に、自分が分離を求めたという前提を受け入れました。それを受け入れた途端、二元性はあなたという存在にとってもっとも重要なものになり、周りの世界や世界における自分の役割を解釈する唯一の手段となりました。分離、孤立、独立、個というものは、あなたが目指す目標というよりも、あなたが前提としても設けた目標です。あなたが目指す目標は、形を使った新たな表現法、つまり関係性を通し自他の認識を深めることです。神が創造手段を選んだようにあなたも創造手段を選びましたが、あなたが選んだ創造手段は分離でした。観察する者とされる者が、互いの関係性を通し、創造を拡張するために分離することでした。

2.4　このコースでは、あなたが自ら選んだと思っている選択について、多くの時間を割いてきました。エゴの思考体系と同様に、このことは十分に話し合う必要がありました。あなたが自分について信じていることは、エゴの思考体系を中心に築かれた土台の一部です。融合に関する解説Ⅱで述べた信念に加え、あなたが罪と見なして分離と呼んできた選択について、今、新たな信念を受け入れることが求められています。

2.5　あなたはエゴを自分だと思っていた間、自分を称えることと過小評価することの両方の必要性があると信じていました。そんな信念が世界の二元的な見方を作り出し、世界であなたとともに存在するすべてを形成しました。あなたは、あらゆる「栄光」や贈り物やなし遂げた成功には、代償がつきものだと信じてきました。突き詰めると、自分を犠牲にしたときや過小評価したときに生じる代償です。あなたは、あらゆる獲得の裏には失うものがあると思ってきました。分離した状態が進むことは、神や真の自己から離れることだと信じていたからです。こうした信念は論理に基づいていますが、それは幻想の論理です。あなたはそんな論理をもとに、神とともにいたくないという神への反抗心から、神から分離することを自ら選んだと信じていました。これは真実とはかけ離れています。そんなふうに信じていたことが、あなたのあらゆる苦悩の原因でした。独り立ちすべく一歩一歩順調に進むことが神から離れることに相当する、という信念があったからです。地上での目的は独り立ちすることのように感じられるため、あなたは独立に向けて進まざるを得ませんでしたが、一方ではそんな自分を罰することも避けられずにいました。

2.6 わたしたちは今、本来の目的に戻って真実を目指しているので、こうしたすべてに背を向けます。本来の目的に戻ることで、原罪という概念を取り払い、あなたを罪のない存在にします。この罪のない不変の状態から、個の自分が真実を象徴するようになります。その状態では、真実でないものやエゴが置き去りにされるからです。不変の自己こそ、あなたと兄弟姉妹の真の姿です。ワンネスと融合は、不変の自己を意味します。

2.7 とはいっても真実は幻想と同様、さまざまな方法で表すことができます。

2.8 ときに、幻想を芸術的に表現したものを芸術と呼びます。同様に、幻想の自分を表したものを「自分」と呼んできました。しかし、これらは真実ではありません。それなのに自ら実在していると思い込んでいる自分が、毎回、表に現れます。ですから、芸術と呼ばれるすべてが芸術ではありませんし、自分と呼んでいるすべてが真の自分ではありません。あなたの知覚ではそう見えたとしても、そのすべてが真実というわけではないのです。人々と世界に多大な危害を加えた人たちにとっては、知覚したままの真実を象徴することは正しい行いでした。真実は幻想の中では見つかりません。幻想の中では、知覚された真実が象徴されることもありません。それらがどんなに支持をされ、別の結果をもたらしたとしても、原因が変わっていないからです。

2.9 芸術には、よいも悪いもありません。自己についても、正しい、間違っている、といった善悪はありません。ただ真実を象徴する上で、正確かそうでないかというだけです。真実を不正確に象徴しても、無意味です。意味のないところでどれほど意味を読み取ろうとしても、その意味は見つかりません。無意味なものに、真実の意味を変える力はありません。あなたの真の自己は、あなたが不正確な意味を与えたあらゆる存在と同様に不変です。

2.10 あなたは今、あなたが与えようとした無意味さを回避した真の自己とともに、旅を始めようとしています。つまり、真実でないものを持たない状態で真実の旅を始めようとしています。あなたは、非現実と現実の狭間の変容を遂げる時期にいます。あなたは今、個の自分に関する最初の考えを思い出すことだけを待ち望んでいます。

2.11 その記憶はあなたのハートの内側にあります。その記憶には、あなたが作ったイメージを、愛を反映するものに変える力があります。その記憶は、あなたの想像力を超えた聖性の内側で愛と共存しています。あなたがこれまで頼りにしてきた思考体系の概念では、この聖性を想像することはできません。その思考体系では、ある範囲内でしか現実を受け入れられず、反抗して離れたはずの神や、放棄したはずの真の自己に戻ることなど想像できません。自分に正直でいてください。わたしがここで話していることは、あなたがすでに知っていることだと気づいてください。あなたを見捨てたのは神ではなく、真の自己と神を放棄したのはあなた自身であることを、あなたはすでに知っていることに気づいてください。自分がそんなことをしたというのなら、そうしなければならない理由があったはずだと思いたくなる気持ちを手放してください。そうしなければならない理由がなかったなら、なぜ自分は分離を選んだのだろうと何度も自問したのではないでしょうか。今、その理由が与えられたことに気づいてください。分離を選んだ理由には真実味があったとしても、真の自己や神を放棄する必要性がそこにはなかったことに気づいてください。今なら戻りたいと思う場所を去った唯一の理由を考えるとき、次のことを考えてみてください。楽園を去れば苦悩や争いに遭うというのに、形ある姿でしばらく生きるために、なぜ自ら楽園を去ったと思うべきなのだろうかと。この考えに代わるものは、原罪を罰するために自分を楽園から追放したはずの神への信念以外にありません。わたしたちは今まで、復讐に燃える神という考えを変えるために取り組んできました。これからは、復讐に燃える自分という考えを変えるために取り組みます。復讐に燃えていないなら、他にどんな自分になれると思いますか。

2.12 わたしは、人の家族と神の家族を対比させ、神の子である放蕩息子と放蕩娘が神のもとに戻ることについて話してきましたが、あなたにとってこれらを理解することはとても重要です。こういう話をすると、成長した思春期の自分や、犠牲を払っても喜んで独立の道を歩もうとした自分を、受け入れることのように思えるかもしれません。でもこれは、あなたが信じようと選んだ現実、つまりエゴの現実と、まるで成長期から抜け出せていないかのように思われる自己概念を入念に見るためのものです。エゴの唯一の願いとは、どんな犠牲を払ってもあなたに「成長」してもらい、エゴ自身が思い描く独立した存在になってもらうことです。

2.13 あなたは成長期の思考から遠ざかった自分を嬉しく思うかもしれませんが、直ちにその思考を新たな自己概念で置き換えなければなりません。そうしなければ、あなたの中にある成長期の思考は残り続けることになってしまいます。

第三章　真の自己

3.1 あなたという個を表す自己は、あなたにとっても、わたしにとっても大切な存在です。わたしはどんなときでもあなたの存在を知っていたので、ずっとあなたを愛してきました。認識されていないものが愛されることはありません。あなたのエゴが愛すべき存在だったことは一度もありませんが、あなた自身は常に愛すべき存在でした。ここで気づくべき点は、あなたにとって大事な個の自分とは、エゴの自分ではないこと、かつ個の自分がエゴだったことは一度もないことです。

3.2 あなたの個性はすべて、エゴに忠実に仕えた結果のうわべの姿に過ぎません。あなたの特徴はすべて、エゴの願い通りに選ばれたものか、エゴの願いに反して選ばれたものか、そのどちらかであり、たとえどちらであったとしても、その源はエゴでした。それらの特徴が、よいもの、悪いもの、その中間に思えても、あなたは自分の特徴こそが、自分を愛すべき存在や可愛くない存在に見せていると思ってきました。自分を愛してくれる人に、「わたしには可愛くないところがあるけど、それでもわたしを愛して。そうすれば、あなたの愛が本物だとわかるから」などと言い、たびたび自分の特徴を愛し難いものにしてきました。あなたは自分自身にもそう語りかけ、愛される存在でいることに挑み続けてきました。

3.3 あなたは自分に失望することを恐れ、多くを求めずにいます。それと同様に、あるいはそれ以上に、他人を失望させる可能性を恐れています。あなた方の中には、自分の人生や大切な人々をなるべく失望させないよう注意深く生きる人もいます。最善を尽くそうとしていても、自分に失望する人もいれば、他人を失望させてばかりいる人もいます。人生は自分でコントロールしようとしてもどうにもならないものだと気づかされるばかりで、ずっと昔にコントロールしようとすることを諦めたという人もいます。精一杯、真面目に努力する人もいれば、上手くいっても失敗しても驚かないという人もいます。大半の人はこれらの中間のどこかにいます。

3.4 多くの場合、あなたは自分のあらゆる不幸について自分を責めました。あなたは有能で強くありたいので、自分の弱さが嫌でした。冷静でいたいので、原因なく押し寄せる気分の波が嫌でした。あなたは、いつ病気になったり気分が落ち込んだりして、自分の願いや他者の計画が妨げられるのかわかりませんでした。そんな状況のせいで、自己嫌悪に陥りました。

3.5 その結果、自己憎悪を反映する社会と、あらゆる不幸を何かのせいにして動く社会を作り上げました。病気は、運動不足から喫煙に至るさまざまな行動の結果と考えられるようになりました。事故は、その責任を公正に負わせる訴訟を引き起こしました。鬱病は、過去の出来事のせいにされました。あなたの成功でさえも大抵は、他人の失敗と引き換えに得たものだと言われたり、大失敗の末の成功などと言われたりしました。あなたの不幸の原因の大半は、まるで社会にあるようです。社会があなたを責めるように、あなたも社会を責めます。それでもあなたは、自分を責めるほどに何かを責めることはありません。

3.6 こんな復讐に燃える自分こそ、わたしたちが今取り消すべきものです。あなたは実際、判断をゆるしで置き換えてきましたが、まだ完全に自分をゆるせていません。これは矛盾しているように聞こえるかもしれません。なぜなら、判断をゆるしで置き換えたというのに、自分をゆるせていないなどということがどうしてあり得るでしょうか。これはあなたが、ある信念によって判断をゆるしに置き換えたことを意味します。あなたは必要な状況でその信念を実践に移してきましたが、それは、状況ではなく自分自身のことになると、あなたが判断をゆるしで置き換える必要性を見失うことを意味しています。あなたは、自分をどれほど愛し難い存在としてとらえているのか気づいていません。これは、あなたが愛されない存在という意味ではなく、あなたがまだ本当の自分を十分に認識していないことを意味しています。本当の自分を完全に認識するまで、あなたは自分を完全に愛することができません。あなたは完全に愛するまで、真に愛することができません。

3.7 あなたは、真実を知る関係性の中に神と愛の両方を見出します。真実を知ると、愛を知るため、あなたは神を知ることができます。わたしたちは、変化を遂げた信念を思考体系に取り入れようとしてきました。そのように変化した信念は、聖なる関係に向かう最初のステップでもあります。新しい思考体系が持つ信念は、完全な心によるものでなければなりません。マインドだけで信じていることや、人生で使える新しい哲学などは、信念にはなり得ません。信念は、あなたのハートに存在しなければなりません。だとしたら、愛されない自己のハートに信念があることなどあり得ないのではないですか。

3.8 あなたは、あなたに求められた新しい人生に向かう方法を考えつくことができません。あなたは真の自分でいることでしか、新しい人生にはたどり着けないのです。

3.9 わたしはどんなときでもあなたの存在を知っていたので、ずっとあなたを愛してきました。あなたはこのコースの学びを通して真の自己をかなり認識できるようになりましたが、まだ自己というものを障害物のようにとらえています。そしてこれまで自分を導いたあらゆるものから離れ、どこか理想的なコミュニティに住めたなら、このコースの信念を実践できると思っているかもしれません。そこまで極端でなくとも、もし別の職に就いて家族への責任や経済的支援の義務がなくなれば、こうした信念を実践しやすいのにと考えるかもしれません。自分の行動、習慣、性格を見直し、これ以上の学びは自分に適さないと宣言するかもしれません。あなたは意識していようがいまいが、心のどこかでまだ、このコースで目指す「よき自己」というものに自分がなるには不十分だと思っています。今では多くの人が自分のことを「十分によい」と思うようになってきましたが、必ず何かによって「自分は不十分だ」「でも十分な状態になるための努力はしたくない」という考えに引き戻されます。例えば体重に問題のある人が、ダイエットが自分に「よい」とわかっていても失敗するのが見えているので、ダイエットを避けたりするのもそのためです。このコースの呼びかけがよきことのためだと思っている限り、あなたは確実に失敗します。

3.10 わたしが「あなた」と認識している真の自己こそ、本当のあなたに他なりません。それ以外のあなたはすべて、エゴでした。そのエゴが消え去りました。エゴは、あなたが考えていた自分のことでした。そんな考えは、判断、善悪、正誤、価値、無価値といったものが複雑に組み合わさったもので、終わりがなく、まったく役に立ちません。そんな考えは無用だと気づいて手放してください。

第四章　幻想の解体

4.1　これは自己啓発のコースではなく、その逆です。このコースでは幾度となく、あなたは一人では学べない、そして自分の教師であることをやめることが唯一、新しいカリキュラムを学ぶ方法だと述べてきました。このコースはあなたに努力を求めません。依存症から抜け出しなさい、ダイエットをしなさい、断食をしなさいとは言いません。優しくありなさい、責任を持ちなさいとも言いません。あなたの無責任さを注意することもしません。あなたは悪だったが、この教えに従えば善になれるなどとも言いません。鬱病、不安、粗悪さ、病気、狂気について、過去の原因を信じたり責めたりはしません。ただ真実を選び、幻想を手放すようあなたに呼びかけることで、あなたに正気を取り戻してもらおうとしています。

4.2　このコースで目指す、同一であることとは、身体や習慣のことではありません。修道士になりなさい、模倣しなさいとお願いしているのではありません。ただ、幻想を手放しなさいと言っています。つまり、無を手放すということです。

4.3　先に進む前に、マインドの考えをすべて取り除かなくてはなりません。それらは些細なものではなく、自己の土台となるものです。あなたは悪という概念を持たずに、善の概念を持つことはできません。非理想的な状態という概念を持たずに、理想的な状態という概念を持つこともできません。間違った考えがあるとは思わずに、正しい考えを持つこともできません。

4.4 エゴという概念そのものが「誤り」で不正確だったため、エゴはマインドの考えをなくてはならないものにしました。その不正確さを表面化させる唯一の方法は対比です。

4.5 不確かな土台で機能するとは、不確かな土台を足場にするということです。そんな支えもしないものを土台とする仕組みを構築することは、エゴが人生で行った愚かな行為とも言えます。そんな過ちが過ちとしてとらえられるのは、それが機能しなくなったときだけです。

4.6 そうした過ちを訂正するためには、構築したものを取り壊し、きちんと支える土台から再び築いていくしかありません。わたしたちはそれをしてきました。あらゆる出来事の源となっていた唯一の過ち、つまり幻想の土台を取り払ってきました。その過ちはたった一つしかないので、あなたが別の同じ過ちを犯すことはありません。本当の自分でいないことが唯一可能な過ちだとは、理が叶っているのではないでしょうか。

4.7 けれどもあなたはエゴを解体し、同じ場所に別のエゴを築くことはできます。そして時折、そうしてきました。例えば、軍隊のトレーニングのような優れた訓練を受けた人は、よくそういうことを行っています。虐待を受けた人は、もとの人格を救うために二つ目のエゴの人格を形成します。まるで文明の盛衰のように、エゴは、朽ちては時間を経て立て直されてきました。でも以前述べたように、幻想を真実で置き換えることでしか上手くはいきません。解説Ⅲの一番の目的は、幻想を幻想で置き換えたり、エゴを別のエゴで置き換えたりすることを防ぐことです。このコースの訓練は本質的に優しいものですが、とても壮大なものでもあります。その大きさは、軍隊のトレーニングや人を空虚にする精神的トラウマのように、非常に大きなものです。実際、あなたは今、その空虚な状態の中で自分を見出しています。

4.8 何度も繰り返しますが、エゴという自己はあなたの中からなくなりました。あなたがそれに気づいていてもいなくても、第一部でそれをやり終えました。あなたの目の前には今、愛へ向かうのか、それとも恐れに向かうのか、そのどちらかを選ぶ選択があります。恐れとともに歩むなら、あなたは新しい別のエゴを形成するでしょう。それはおそらく、以前のエゴよりも優れているように思えるでしょう。それでも、エゴであることには変わりません。愛とともに歩むなら、あなたはキリストの自分を知ることになります。

第五章　最初の目的

5.1　あなたは空虚な状態にあると告げられたばかりですが、その状態を恐れる必要はありません。けれども過去にその状態を体験した人は、それを恐れるあまり一番楽で入手しやすいものを急いで見つけ、それらで虚しさを埋めようとします（何で埋めればよいかわからわからない場合は、エゴや馴染みあるもので埋めようとします）。エゴがまったくないために生じる空っぽな感覚に到達できた人は、わずかしかいません。虚無感に苛まれたことがないという人も、わずかしかいません。あなたが人生で引き寄せたあらゆるレッスンは、真実の豊かさで虚しさを埋めるためのものでした。

5.2　このコースの優しい学びと同様、あらゆる虚無感の原因が苦悩というわけではありません。あなたは恋に落ちるたび、新たな愛で空っぽな心を埋めようとしましたし、創造的なインスピレーションが湧く瞬間や神とつながる瞬間も、エゴが消え、空っぽの状態になってきました。

5.3　その反対で、愛の喪失など、自分を見失ってしまうほどの悲しいレッスンでも、あなたは空虚な状態になりました。病気、依存症、気分の落ち込み、極度の疲労からくる自己喪失でも、虚無感に陥りました。あなたはその状態を自ら自分に引き寄せていました。それが、エゴの防御を突破する唯一の方法だったからです。

5.4　あなたは自分にあるもので何とかしようとし、過ちの土台の上に家を建て、そこに住もうとしました。そして、すべての時間を家の修理に費やしました。あなたが建てた家の剥がれ落ちた壁の部分からは、常に光が見えていましたが、あなたは忙し過ぎてその光を見ようとしませんでした。最終的にあなたは、火事や洪水を引き寄せます。火事は壁を灰にし、洪水は壁を押し流します。エゴが生き残るために急いで家を建て直したように、それはまさに真の自己が生きるための一つの方法でした。

5.5 あなたはすでに、こうしたレッスンをすべて試し学んできました。このコースが生まれたのは、苦悩と死から学ぶ必要性を磔刑が終わりにしたように、あなたがすでに試したさまざまなレッスンを、あなたが繰り返さずにいられるようにするためです。

5.6 わたしの地上での物語は、わたしが地上にいた時代のみならず、今なおふさわしいものです。わたしは、神の愛を示すために地上を歩みました。苦悩する人々にもたらされた神の愛がいかに壮大なものかという当時の疑問は、今なお色濃く残っています。その答えとして言えることは、イエスを死から蘇らせるほど、神の愛は壮大であるということです。

5.7 今ではイエスの死は最大の犠牲と考えられていますが、この物語の重要な点は犠牲ではなく、贈り物が与えられたことです。あらゆる贈り物の中でも、救済という最高の贈り物が与えられました。それは、苦痛や苦悩を終わらせ、復活し、新たな人生を始めるということです。それは、エゴの世界を空にし、個の自分が、神の子という本当の自分として生きるための贈り物です。救済というこの贈り物は、その後のためにたった一度だけ与えられたものです。最初の目的を取り戻すための贈り物です。神の子にふさわしい最初の目的がなければ、十字架刑によって形ある生命は終わり、人の子は、形なき状態へと戻っていたことでしょう。しかしその代わりに人の子は、最初の目的を果たすために解放されたのです。

5.8 この物語は、時間の中を行き来して、延々と繰り返されてきました。人の子は皆、死にます。これはあなたが思っているような、世代交代を延々と繰り返すという意味ではありません。それぞれのエゴが死に、真の自己が永遠に生まれ変わることを意味しています。真の自己が生まれ変わらなければ、最初の目的は達成されません。神こそが最初の目的、最初の原因、最初の自己、最初の関係性なので、最初の目的が達成されないことはあり得ません。これは、幻想がなくなり、真実が統治することを意味します。それが神の統治です。

第六章　見返りを求める思い

6.1 見返りを求める思いを捨てられるでしょうか。この思いを捨てることは、あなた方の間で伝染した子供じみた欲求を捨てることです。多くの人はそうとらえていませんが、あなた方のあらゆる行動は見返りを求める思いに基づいています。自分が与えることの見返りに、与えられることを求める思いです。こうした思いは、自分は神の「子供」だという、あなた自身の考えから生まれています。つまり、子は親よりも小さき存在だという考えです。けれども自分を両親から生まれた子供と考える場合、自分が親よりも小さき存在だという、子供じみた自分像にしがみついたりはしません。あなたは、正しい認識と承認を両親に求めるかもしれませんが、それは、あなたが神や人生や運命に求めているような「見返り」とは違います。あなたの考える、自分に見返りをくれるべき相手というのがたとえ誰であったとしても、見返りを求める原因になっているあなたの心がまず、正されなければなりません。

6.2 それは、神の統治、生命、死の意味を話し合ってたどり着いたこの高嶺から、後退することのように感じられるかもしれません。しかしこれは、あなたを小さき自己から引き離す大事な考えの一つです。そして、あなたがかつて神と自分に対して抱いていた考えと大いに関連しています。例えば、自分は愛されない存在だという考えです。こうした考えは、あなたが気づかないうちにあなたの人生のあらゆる面に浸透しています。

6.3 見返りは、よき行いをすること、価値ある行いをすること、世話をすること、生き抜くことに関するあなたの考えと複雑に絡み合っています。それらにまつわるさまざまなことが、世界で生きることを可能にさせているように感じられます。見返りという考えは、比較と結びついた考えに変化しました。一方が見返りを得て、もう一方が見返りを得なかった場合、あなたのハートには大きな恨みが生じます。

6.4 ここまで読んで学んだあなた方の多くは、大きな恨みを抱えたり、その思いに執着したりはしていないかもしれませんが、恨みについては話し合わなければなりません。恨みがあるうちは、復讐の念を持ち続けます。あなたは、神が復讐の神ではないことを学びました。それでもまだ、真の自己が復讐の念を持たないことを学んでいる最中です。エゴは、自分はここで見捨てられたという考えを持ってから、真の自己を信じるべきでない理由をあれこれとあなたに差し出してきました。エゴは選ばれ習得された自己であるため、エゴの思考体系には常に、エゴとは異なる自己概念をあなたの中に保っておく余裕がありました。ですから、エゴにはあらゆる面で責任を負わせる相手がいたのです。あなた自身も、その相手に含まれています。このように責める行為は、とても古く、ハートの内側で恨みを抱えていられる原因でもあります。

6.5 虚偽は、真実と共存できません。しかし、わたしがここで「恨み」と呼ぶものこそ、あなたが、あなた自身の純然たる強い思いによって、ハートに無理やり突き刺し、ハートの聖性を傷つけてきたすべてです。恨みと復讐の念は密接に結びついています。これは「目には目を」の考えであり、「侮辱を甘んじて受け入れる」考えとは正反対です。これは、わたしがその存在を否定してきた悪の考えのように思われるかもしれませんが、悪ではなく恨みです。恨みとは、常に誰かのハートの内側に潜んでいる悪を意味する言葉だとあなたは思うかもしれません。しかしそれは、単なる言葉であっても、その破壊的な力でエゴだけを相手に競うという、誤った考えを取り入れるために選ばれた言葉です。ハートの内側の恨みは、マインドにとってのエゴです。恨みは、キリストが宿るもっとも神聖な場所、つまり人と聖なる存在の橋渡しとなる場所に入り込んでしまった、一つの誤った考えです。エゴはあらゆる人の内側で生きているので、その誤った考えもまた、あらゆる人の内側に存在しています。エゴと同様にその考えが原因となって、あなたは愛されも認められもしない人になったのではありません。でもその考えはエゴと同じように、あなたの現実の大部分を占めていました。その考えこそが、エゴと同様に置き去りにされなければなりません。

6.6 恨みは、その言葉が示す通り、聖書で描かれた苦いハーブと同じく、自己に取り入れられたものです。不浄物を浄化させる道理や儀式は数多くありますが、あなたは不浄物ではないことをわたしが断言しましょう。自ら選択せずにハートの内側から恨みを一掃できる人がいないことも断言しましょう。優しい時間によって、恨む気持ちが解放され始めました。優しい時間が、あなたがそう選ぶようあなたに準備をさせました。今、見返りを求める思いと、あらゆる恨む理由と、恨みそのものを手放すことを選んでください。キリストが宿る場所に、恨みを持ち込まないでください。恨む気持ちがなくなるよう、その入り口を愛の優しさで閉じましょう。

第七章　信念の爆発

7.1　これまでの経緯からもわかるように、わたしたちは融合に関する解説Ⅱの信念の話から、概念や考えの話に移行してきました。あなたに対する神の考えは、絶対的な真実です。あなたという存在は、その考えとその真実から生じています。エゴの存在は、分離した自己に関するあなたの考えから生じています。それは、まったく真実とは異なる思いや考えです。エゴの思考体系は、分離という最初の考えを維持するための信念を作り出しました。それと相反する神の考えを中心に作られた信念体系はどこにあるのでしょうか。

7.2　真実のための信念体系は必要ありません。融合に関する解説Ⅱで述べた信念は、あなたを真実に戻すためだけに必要なものととらえてください。あなたと神の真実を象徴する信念というものはないため、考えや思考について話していきます。神が神自身の思いや考えによってあなたを創造したと信じるなら、思考の力についても理解できるでしょう。また自分が、自分の思いや考えによってエゴを作ったと思えるなら、その思考の力の在り処にあなたと神の力も宿っていることがわかるでしょう。

7.3　真実のための信念体系は必要なく、真実を象徴できる信念体系も存在しません。しかしあなたは、あなた自身が地上で真実を象徴できると教えられてきました。それは信念でできることではありませんが、考えを用いればできます。考えはその源を去りません。ですから、あなたの自分自身に関する不的確な考えの原因は、その原因と結果を変える力と同じく、あなたの内側にあります。

7.4　あなたはあなたであり、あなたは永遠にあなたで居続けます。地上での人としての経験においても同じです。あなたと真実は比類なき存在なので、この考えもまた比類なき考えです。この考えだけが真の意味を伴うので、あらゆる意味はこの考えの中で見出されます。ですから、わたしたちはこの考えとともに始めます。

7.5　人としての経験を積む中で、本当の自分を象徴できなくなった唯一の原因はエゴです。また、人という意義を体験することを奪ったのもエゴです。したがってエゴがなくなれば、あなたは本当の自分の真実を完璧に象徴し、有意義な存在に戻ることができます。

7.6　あなたはかつて、幻想の中でしか自分を表すことができませんでした。幻想があなたの住処だったからです。幻想はあなたにとって、扉がたくさんある家のようなものでした。あなたは、実は同じ家に通じているたくさんの扉を開け、扉ごとに違うものが提供されると思っていましたが、そこで発見したことは、足を踏み入れたその先は同じ一つの家だったということだけでした。それは幻想の家だったのです。あなたはその中でさまざまな部屋に行き、いくつかの部屋では真の自己を象徴することさえできました。幻想の家の中で真の自己を象徴するとは、そこで爆発が起こるようなものです。その瞬間、床が揺れ、壁が振動し、明かりが消え、家中の全員がそこで起きていることに気づきます。あらゆる注目は爆発に向けられるわけですが、その源は見つかりません。

7.7　爆発のあと、真の自己を象徴するものが広く知れ渡ると、あらゆる注目はその象徴に集まります。宝物を見つけようとしていた人たちは、宝物がすでにそこにあったことを知り、宝物の争奪戦が始まります。そこで芸術、宗教、詩、音楽を見つける人もいれば、ある考えに飛びつき推測を重ね、科学や別の何かを見出す人もいます。こうした興奮の中、誰も爆発の源に関する話はしなくなったのです。

7.8 幻想の中におけるいわゆる人生の最高の形とは、こういうものでした。

7.9 あなたはこの考えにさえも飛びつき、これを宝物ではなく理論と呼び、宇宙の起源と結びつけます。そして、今でもこの考えの源を見ていません。それには理由があります。幻想の家の中では、真の源を見つけられないからです。真の源は、真実の家の中でしか見つかりません。

7.10 真実の家はあなたの内側にあります。わたしたちはたった今、その扉の鍵を開けました。

第八章　真実の家

8.1　神の王国は、真実の家です。真実の家が神の王国と呼ばれてきたと言った方がいいかもしれません。もう一度、言います。物事と言われるものは象徴に過ぎません。あなたが象徴するものが象徴を超えて真実に移行するよう、わたしたちは今、象徴の先にある意味へと進みます。わたしたちが目指す先は真実なので、ここで真実と、真実を象徴するシンボルの微妙な違いに気づいてください。シンボルは信念と同様、幻想の家の中でのみ必要なものです。あなた方の中でもっとも悟りを開いた人たちが、真実を美しく象徴してきました。そうしたシンボルや象徴は大いに役立ち、あなた方の不完全な土台を揺るがす爆発を引き起こしてきました。そんな威力を象徴しようと目指すことこそ、取り組むに値する目標です。多くの人たちが、その威力を手にしてきました。なぜその力が、これまでもこれからも不可欠なのかわかるでしょう。しかし不完全な土台を破壊する力を手にしたまま、止まっていては十分ではありません。それは現状のまま世界を去り、兄弟姉妹を塵の中で混乱させたまま去るようなものです。今あなたに課されていることは、迷わず一気に幻想の家を真実の家で置き換えること、そして神という源を示すことです。

8.2　真実の源があなたの内側にあるのなら、わたしたちが目指すことは本当のあなたを知ることです。あなたのアイデンティティを確立させることが、このコース全体の学びにおける唯一の目標であることを決して忘れないでください。この目標について繰り返し話してきたにも関わらず、どれほど忘れてきたかを自覚してください。すると自分の中の抵抗にさらに気づき、それを手放さなければならないことがわかるでしょう。

8.3 わたしたちが恨みのような極めて重要な概念を話す前に、あなたが長い旅をしてきた原因はこの抵抗です。抵抗の源は、恨みです。恨みはエゴの源と同様に強く、しかもより深く感じられてきました。すでに述べたように、ハートの内側の恨みは、マインドにとってのエゴです。したがって、恨みは思考よりも感情と結びついています。エゴはそうした感情をもてあそび、思考体系に欠かせないものとして利用します。あなたは恨みを抱えている限り、幻想の家に居続けます。エゴの思いがそうであったように、あなたの感情はあなたにとって実在するものだからです。真実以外のものが実在する間、幻想の家は実在する建物のように存在し続けます。それは、あなたを部屋に閉じ込めておく鉄格子と同じく、確実にあなたを真実から遠ざけます。

8.4 この時点では、恨みという概念について、自分が抱えているものとして考えることは難しいかもしれません。そこで、時間に対する執着について考え、そこに恨みも入るかどうか考えてみてください。恨みはもともと個の自分と、個の自分の経験に結びついた概念です。あなたは、今持っているアイデンティティやいくつもの過去世で持っていたアイデンティティから、今の自分である個の自分が作られたと信じているかもしれません。あなたがそう信じていてもいなくても、今この時代とこの場所にあるあなたのアイデンティティは、今なおあなたの過去と、あなたの前にこの世に降り立った人々の過去を信じています。その信念には、恨みの種や神に対する不安も含まれます。故人となった兄弟姉妹や存命中の兄弟姉妹に対して穏やかでない感情を持つのも、こうした信念によるものです。

8.5 そんな信念が語ることは、あなたの前にこの世にいたあらゆる人々とあなた自身が、理不尽な苦しみに遭うよう不当に作られたということです。過去世を信じる人々はよく、選択に関するさまざまな信念を自分のものとして取り入れてきました。そして、よきことのために、過去の借りを返すために、苦しむ選択が取られたと信じてきました。けれども、人の形に固執することだけが選ばれ、その考えから去ることは選ばれてきませんでした。あなたは、苦しみから自分を遠ざける救世主を信じることを選択してきましたが、その救世主があなたを苦しみから遠ざけることはありませんでした。あなたは、エゴの自分ではなく、あなたにとって唯一の救世主であるキリストの自分を信じる選択をしてきませんでした。あなたが唯一守られなければならなかったのは、エゴの自分からでした。

8.6 苦しむ選択や苦しみを去る選択が常に自分の中にあったと信じたとき、何が起こるでしょう。あらゆる出来事における怒りは、誰に向けられるでしょうか。できることなら何としてでも変えたいと思う今と昔の出来事について、自分や先祖を責めますか。病気を目にしたとき、病気になったことについて、病人を責めますか。あらゆる苦しみを目にして恨みを抱えるのは、それを和らげることができない自分の不甲斐なさゆえなのではないでしょうか。苦しみを見ないようにし、他に目を向けている自分を責めているのではないですか。

8.7 第一部で述べたように、苦悩という考えは、神の創造物の間で生じた誤りです。解説Ｉでも触れましたが、愛の考えで苦悩の考えを置き換えられますが、苦悩のせいで愛を理解できないため、その選択は取られません。この新しい選択を阻止し、苦しみのサイクルが回り続けている原因は、恨む思いです。

8.8 恨み続ける状態には、自分以外の誰かが変化を起こすことへの信念が反映されています。苦悩に満ちた世界を緩和できるなら、あなたはきっとそうするでしょう。しかし、挑戦して失敗するのはあまりにも辛いことです。自分と自分の愛する人たちが確実に苦しみ、いずれは死ぬというのに、なぜ恨まずにいるべきなのでしょう。自分は無力だと思っているとき、どうして恨まずにいられるでしょうか。世界を変える必要はなく、変えるべきは自分だけだと思うことは難しいでしょうか。このたった一つの変化によって、大勢の天使にも不可能だったあらゆる変化をもたらすことができると想像することは難しいでしょうか。こうした考えを想像できないうちは、これらが実現されることはないでしょう。

8.9 幻想の家で真の自己を象徴すると、爆発が起こって宝物が降り注ぐように、真実の家で真の自己を象徴すると、新たな創造が始まります。

8.10 あなた方の先祖は、幻想の中の爆発が宝物をもたらしたとは想像できませんでした。今あなた方が楽しんでいる宝物は、彼らにとっては奇跡のように見えるでしょう。

8.11 宝物が降る中で、探していたものが見つかりました。人生を楽にする手段を探していたのなら、そうさせてくれそうな機械や道具ではなぜ駄目だったのでしょう。厳しい世の中でシンプルな楽しみを得る手段を求めていたのなら、そうさせてくれそうな娯楽でもよかったのではないでしょうか。病気で苦しむ人々には、治療法でもよいのではないですか。

8.12 人々は、見つけられないと思っていたものを探し求めてきました。苦悩を終わらせることなどできないと思っているのに、なぜ終わらせたいと思うのでしょう。終わりがないように思えるものを終わらせることよりも、治療法や治療そのものを求める方がずっと楽でよいでしょう。苦悩を終わらせる方法が思いつかなかったという理由だけで、本当にそれは続いたのでしょうか。

8.13 あなたは苦悩を受け入れてきましたが、心のどこかでいつも、それは要らないものだと知っていたのではないですか。新しい考えを誕生させることで、受け入れた苦悩を終わらせましょう。

第九章　真実の家を住処とする

9.1　真実の家を住処とする考えは、愛の考えです。この考えは完全に理にかない、世界の無意味なものを狂気に見せ、次のように語りかけます。**愛から生じるものだけが実在し、愛の法則に収まるものだけが現実であり、愛が創造していないものは何一つ存在しないと。そして愛として愛の法則の中で生きるなら、あなたは愛しか創造しないと。**この考えは、これが実現可能であることと、今ここであなたが実現できることを受け入れています。こうした考えの妥当性を受け入れずにこの考えを受け入れることは、考えを変えないまま信念を変えるようなものです。あなたはすでにそうした経験をしているかもしれませんが、決してそうするべきではありません。

9.2　あなたは今、こうした考えがさまざまな出来事を通してあなたの新しい現実になるところを想像できません。けれども分離というエゴの考えがたどった道のりと同じように、こうした考えは蜘蛛の巣のように広がり、確実に実現すると信じることはできます。エゴの考えは、習得され広まるために時間を要しましたが、これらの考えは習得されるものではないので、その時間を要しません。

9.3　愛に関する考えや真実は一つにつながります。それらは関係性の中にあります。幻想の家にあったあらゆる考えはそこにとどまり、エゴの思考体系で学ばれたさまざまな考えと団結していました。あなたは今、この幻想の家の扉から外に歩み出て、壁の向こうにあるまったく新しい現実を見つける自分を想像しなくてはなりません。最初は、未知の場所から再び急いで学びをスタートしなくてはいけないのかと思うかもしれません。まるでアルファベットを習うように、知識を少しずつ積み重ねていかねばと考えるかもしれません。でもすぐに、その新しい現実はすでに知っているものなので、新たな学びは必要なかったことがわかるでしょう。初めのうちは、幻想の家で見たものと似ているさまざまな物事を見て、かつての呼び名で呼びたくなることもあるでしょう。しかし、それを優しく訂正する自分にも気づいていくでしょう。訂正されれば、それを疑うことはなくなり、それは単に自分が忘れていた真実だったのだと思い出すことでしょう。

9.4 幻想の家は真実という宇宙の中に建てられていただけで、真実の宇宙が慈悲深い抱擁であらゆるものを包んでいたことを知るでしょう。愛の抱擁の外側には誰もいません。あなたは、幻想の家にいた人たちが愛の存在から逃れていなかったことを嬉しく思うでしょう。

9.5 とはいえ、あなたは、愛する人たちが幻想の家の扉から出られるよう、彼らの手を取り優しく彼らを引き寄せるために、再び幻想の家に入りたくなります。幻想の家に入ると、爆発が起こっていることに気づきます。あなたは、そこにもう一つ力が加われば壁が崩壊し、幻想に閉じ込められていた人たちが解放されると考え、自分の破壊力を発揮するためにも幻想の家に戻りたくなります。かつてこの世に降り立った大勢の人たちもそうしてきましたが、そんな取り組みがなされた時代は過去のことです。今なお幻想の壁を揺らし続ける人たちが大勢いますが、中の人たちが外に出られるよう壁の外側に立って手招きをする人はわずかです。

9.6 真実という楽園は、幻想の家がある死の谷から遠く離れたところにあるように感じられます。臨死体験をした人は、大勢の人たちの恐れを和らげることになりました。同時により多くの人たちが彼らの話によって、現世ではなく来世を切望するようになりました。幻想の家の壁を越え、わたしに着いてきたあなたは今、地上の天国を歩む人生を再び創造し、それを人々に示していくことを始めるよう呼びかけられています。

9.7 これが、わたしがあなたに定めた巡礼です。この巡礼は、モーゼの時代の人々が砂漠を越えて約束の地へ旅したように、現実的なものです。モーゼの旅は、信念の域を超えて概念の域まで達しなかったため、物語としてのみ語り継がれています。イスラエルの民は約束の地を信じていましたが、その地に心を宿して住むということをしていませんでした。あなたは今、真実の家という約束の地を住処とするよう呼びかけられています。

第十章　忘れるためのエクササイズ

10.1 第一部では、記憶を蘇らせることについて多く話しました。これから、忘れることについて話さなければなりません。真実の家に足を踏み入れるために、また真実に出会うために、何も諦める必要はありません。けれども無意味なものがマインドにあるうちはまだ、あらゆるものに内在する意味を思い出して知ろうとするのではなく、ただ無意味なものを意味あるもので置き換えようとしているだけだと気づく必要があります。だからこそ、身体での人生において、さらなる実践的なレッスンが求められています。そのレッスンでは、地上に天国を創造するためにあなた自身を役立たせます。

10.2 その最初のレッスンが、忘れるためのエクササイズです。日常で習得したことをできるだけ忘れてください。

10.3 わたしが最初にあなたに忘れて欲しいことは、責任の在り処を追及する必要性です。このコースの「難解」な箇所を待っていたあなたにとって、ここがその箇所かもしれません。非難するという考えは、慈悲深い創造主と創造物の考えとは一致しません。それは神への冒涜に過ぎません。自分を責めることは、他者を責めることと同様に無意味です。あなたは、自分を非難する癖をやめなくてはなりません。原因はあなた自身にあると言いましたが、何事においてもあなたが責められるべきだという意味ではありません。例えば子供たちは学びに失敗すると、それについて非難されるものですが、まだ学んでいないレッスンのことで子供を責めることが不適切なように、あなた自身を非難することは適切ではありません。

10.4 あなたの思考プロセスは、非難する考えをなくすことによって、あなたの想像をはるかに超えて変わっていくでしょう。あなたは、自分がいかに頻繁に何かを非難しているのか気づくと驚くでしょう。初めは、自分が恐れるものをまったく認識していなかったように、自分が非難していたことにも気づいていませんでした。しかし自分が恐れているものを知り、その恐れを愛に運ぶことができたのです。非難する行為においても、同じことができます。唯一必要なのは、何かを非難している自分に気づき、「また責めていたけど、そうしないことを選ぶ」と自分に言い聞かせることです。これ以上何かを非難するために時間を費やす必要はありません。わたしは、非難の代わりになる言葉や決まり文句を提供したりはしません。わたしはただ、次のようにお願いするだけです。非難する思いがやってきたら、直ちにその思いをマインドから追い払いなさいと。

10.5 もし非難する思いの代わりとなるものがあれば、より楽にそうできるのにと思うかもしれません。あなたがそう思う理由は、非難の思いを取り除けば、ずっと埋めたいと思っていた空虚なスペースがマインドに残ってしまうからです。非難しないことを意識して選ぶことで、あなたが執着することになるはずのさまざまな思いを回避できます。例えば、さまざまな状況や出来事を連鎖的に引き起こしていた思いや、非難の思いから生じていたとは気づきもしなかった感情や行動を避けることができます。それらに取って代わるものをわたしは与えませんが、あるがままに受け入れるという考えこそ、非難の代わりになることがわかるでしょう。その考えが今、求められています。

10.6 あるがままに受け入れるとは、今起きているすべては贈り物であり、レッスンなのだと受け入れることです。レッスンとしてやってくる物事は、贈り物には見えないかもしれません。しかし、あらゆるレッスンは贈り物です。レッスンの中には、もうすでに学んだのにと思ってしまうような形で訪れるものもあるかもしれませんが、それは以前のレッスンが繰り返されているわけではありません。何事もレッスンとして受け入れ、すべてが贈り物だと気づけば、困難で悩ましいレッスンというものはないはずです。過去の学びで困難だったものは、その状況そのものがレッスンであることや、あらゆるレッスンが贈り物であることに気づいていなかったから困難だったのです。

10.7 これは、忘れるエクササイズと関係しています。あなたは、あらゆる状況に対して反応してきたその方法を忘れなければならないからです。あなたのもとに訪れる状況は、どれ一つとして過去の繰り返しではありません。過去は幻想の家にあり、現在は真実の家にあるというのに、どうして繰り返しが起こり得るでしょうか。これに気づくことが、以前話した、学びと取り消しが同時に行われることを知る唯一の方法です。あなたは、過去から教え込まれたように思えることを取り消すための時間を過ごしてきました。今あなたの人生は、一見それほど変わったようには見えないかもしれません。しかし、確実に生じている根本的な変化に気づけるか否かは、あなた次第です。

10.8 変化に気づくために、忘れるエクササイズと併せてできる練習がもう一つあります。それは、忘れるエクササイズとほぼ同じですが、異なる過程を踏んでいるように感じられるでしょう。その練習とは、エゴの声に耳を傾けない練習です。エゴが去っても、エゴのメッセージの多くは、過去がこだまするかのようにあなたの思考に残ります。そんな思考は記憶に残ったメッセージなので、他のすべてと同様、忘れ去られなければなりません。エゴの思考パターンを忘れる過程は、人や状況に対するかつての反応を忘れることとは多少違いますが、責任の追求を忘れることによく似ています。

10.9 エゴの考えを忘れる最初のステップは、エゴの考えを正しいマインドの考え、つまりキリストのマインドから引き離し、区別してとらえることです。エゴの思いは常に他者と自分に厳しいので、区別するのは簡単でしょう。キリストのマインドは優しく、そんなマインドの声から生じる思いは優しいものです。エゴの思考は、正気を覆い隠すように現れます。少し練習をすると、その覆い隠すものを簡単に見透かせるようになります。すると、隠れていた不安が見えてきます。キリストの思考は、隠しようのない確信が保たれています。あらゆる疑念は自分に対するものであることを思い出してください。自分を疑うことは求められていないことを覚えておいてください。今やあなたにとって真の自己とは、キリストの自分です。

10.10 しばらくは、常に確信を保つなど無理に思えるでしょう。しかしそう思うのは、過去の不安を覚えている間だけです。不安はエゴの思考体系のあらゆるものと同様、学んで身についたものです。真の自己は、不安を引き起こす原因を持ち合わせていません。だからこそ、あなたは過去の不安を忘れるよう呼びかけられています。

10.11 このレッスンは治療のように感じられるかもしれませんが、そうではありません。あなたはもはや、比較を通して確信を得るレッスンをするために不安な時間を過ごすよう呼びかけられてはいません。それは過去の学び方だったと気づいてください。過去のあらゆることこそ、忘れるよう呼びかけられているのだと気づいてください。ですから不安な気持ちになったときは、不安に過ごす時間はすでに終わったことを自分に言い聞かせなくてはなりません。不安は、すでに学んだレッスンを再び教わるために現れるのではなく、過去のこだまとして現れているだけです。不安を覚えることは習慣であり、古い思考体系のパターンです。あなたが唯一しなければならないのは、その声に耳を貸さないことです。その声は、優しい声でも愛に満ちた声でもないでしょう。その声には、紛れのない恐ろしさが込められています。

10.12 これらのレッスンは穏やかなものですが、実践的なものでもあると覚えておいてください。レッスンは、真実の家での生き方という、新しい生き方を示すために現れていることを忘れないでください。新しい家に住むために外国語を学ぶ必要はありませんが、初めは、未知の思考体系のように思えるものを学ばなくてはなりません。この思考体系は、恐れも判断も、不安も疑念も、比較も区別もない、融合した思考体系であり、真の思考体系です。いったんこの思考体系で古いものが自動的に置き換わると、あなたは真の思考体系を楽に思い出せるようになります。

10.13

これを言語の習得のように考えてみてください。例えば子供の頃、スペイン語のあとに習得した英語を何年も話していれば、スペイン語を忘れたと思うかもしれません。でもスペイン語しか話せない場所へ戻ると、すぐにスペイン語を取り戻します。それからしばらくは、スペインと英語の二言語がマインドを行き交い、一方をもう一方に翻訳することもあるでしょうが、その状況が何年も続けば、今度は英語の理解力を失ったと思うかもしれません。

10.14

今わたしたちが行っているのは、エゴが習得した思考体系を、忘れたはずのキリストの自分の思考体系に翻訳することと似ています。あなたは今、真実の家を心の拠り所にしているため、エゴの思考体系を取り消すことに抵抗さえしなければ、とても簡単に真の自己の思考体系を思い出すことができます。そして、すぐにエゴの思考体系を忘れるでしょう。けれどもエゴの思考体系を使用中の人に会えば、彼らと問題なくコミュニケーションを取ることができます。ただ徐々に、彼らとのコミュニケーションは楽ではなくなっていき、自分が新しい思考体系の言語を教えていることに気づいていくでしょう。そのときのあなたは、その新しい「言語」に満たない言葉を使ってコミュニケーションをしたいとは思わなくなっているからです。

10.15

美しい音楽が人々を引き寄せるように、その新しい「言語」は人々を引き寄せることに気づくでしょう。大勢の人々が、あなたの思い出したことを学びたがるようになります。彼らは、その「言語」の記憶が自分たちの中にもあると気づくからです。あなたは自然に、一つになったマインドとハートの「共通語」へと人々を迎え入れていくでしょう。そして出会った人々のために何よりも、その思い出した言語を分かち合いたいと思うようになるでしょう。それでも中には抵抗する人々もいます。

10.16 だからこそ、身体による人生において忘れるレッスンが求められています。そのレッスンもまた、すぐに別の方法に翻訳されます。マインドとハートに入ったレッスンは、やむを得ず身体の言語に翻訳されなければなりません。あなたは人の形である間、同じように人の形をした人々の中で生きます。幻想の家が存在する限り、あなたはそこにいる人々と出会い、出会いを重ねるごとに、人としての経験を求める衝動に駆られます。次は、そのことについて話していきます。

第十一章　人としての経験を求める衝動

11.1 意識とは、自覚している状態のことです。「我ここにあり」というステートメントは、自覚している状態を指します。このステートメントは、自己認識を表すものと考えられてきました。幻想の家にいるとき、人々は自分というものを認識してはいますが、幻想の中にいる自分が架空の人物であるとは気づいていません。彼らは個の自分を認識し、それが自分だと信じています。つまり「我ここにあり」というステートメントは、個の自分に関することだと思っているのです。

11.2 真実の家にいる人々は、真の自分という自己認識を持ち合わせています。必ずしも彼らはそれを言葉にしなくても、もはや「我ここにあり」というステートメントが自分一人のものではないと感じています。真実の家で生きるとき、そのステートメントは、真の自己と平和と愛を含む、あらゆる融合を包括的に認識する大きなものへと変わります。

11.3 「真実」「平和」「愛」という言葉は、真実の家の中では同じ意味なので、入れ替えても意味は変わりません。「真実の家」のような言葉は、新しい心の拠り所である新たな現実を、自覚した状態を表します。

11.4 「真実の家」の「家」という言葉は、建物ではなく、あなたの心が居合わせる場所を表していますが、「幻想の家」の「家」は、建物を表しています。幻想の家は、恐怖を感じる個の自分を他のあらゆるものから守る建物です。真実の家は、もはや恐れとともに生きてはおらず、自分を守ってくれそうな建物を必要としない人たちの住む場所です。

11.5 幻想の家は、人としての体験ドラマを演じられる舞台です。

11.6 わたしは地上にいた間、幻想の家ではなく真実の家を住処としていました。これは、わたしが真実を認識し、真実に従って生きていたことを意味します。わたしは神の平和を感じ、神の平和の中で生き、神の愛を知りました。神の愛は、わたしの中に宿っていました。

11.7 **あなたは今、次のように呼びかけられています。**

神の愛があなたの中にあると気づいてください。

神の平和の中で生きてください。

真実に従って生きてください。

11.8 これらは、次のように言い換えることができます。あなた自身が愛です。あなたは平和の中で生きています。あなたは真実に従って生きています。

11.9 わたしは理由があって神の王国を、平和の家ではなく真実の家と呼んできました。あなたの学びはもはや、神の王国や真実の家が存在するかではなく、そこでどのように生きるかということです。この問いに対する最善の対処法は、真実に従って生きることに専念することです。

11.10 これまで、判断や非難をしないということを幾度となく強調してきました。正誤そのものを否定することで、判断しないという教えに忠実であろうとしてきました。ですからこれ以上、真実と幻想の違いを否定することはできません。真実と幻想の違いを知ることは、一方が正しく、もう一方が間違っていると見なすことではなく、ただそれらをあるがままに認識することです。幻想に住む人を非難したくなったり、各々の現実を生きている彼らを非難したくなったりしないよう、真実と幻想の違いは、心にとどめておくべき大事なことです。彼らの現実は実在しません。幻想の現実を信じているからといって、それが真実になることは決してありません。

11.11 ですから、人としての経験を求める衝動について話さなければなりません。ここでは、判断したい衝動と真実でない現実を受け入れたがる衝動の二つを話します。

11.12 わたしが、あなたはわたしと何ら変わらない存在だと断言するのですから、あなたは、兄弟姉妹と異なる存在として自分を見てはならないと考えなくてはいけません。あらゆる人たちが真実の家にいます。兄弟姉妹は幻想の家にいると思っているので、幻想の家もまた、真実の家の内側にあるのです。幻想の家は、誰もが追いやられる地獄ではありません。幻想の家は時折選ばれ、天国にも地獄にもなり得ます。選択することと、選択する内なる力を自覚することが、二つのものを区別する上で必要です。

11.13 幻想の家にいる兄弟姉妹を見ずに、彼らの真の居場所である真実の家にいる彼らを見なくてはなりません。あなたは幻想の家を目にした途端、それを実在させます。あなたが実在させた世界においては、あなたに判断が委ねられます。神による判断ではなく、あなた自身の判断です。

11.14 もう一度、述べます。あなたは、真実でないものを「見なさい」と言われているのではありません。ですからここでは意識的に「見る」という言葉を使い、「知覚する」という言葉は控えます。真に「見る」ことをすれば、知覚はなくなります。

11.15 もちろんこれからも、真実の家で生きていることに気づいている人はわずかだと感じるでしょう。そして住む場所を変えたのは自分であると自覚し続けるために、長い努力を重ねていくことでしょう。この時期の自覚にさまざまな度合いがあることには理由があります。古いものが新しいレッスンの学びに役立つとき、幻想のレッスンが新たな方法で兄弟姉妹の役に立つところを目撃するでしょう。あなたに使用されるために作られたものたちは、新たな方法で使われ、新しい結果を生み出すことを忘れないでください。真実を認識するために、幻想の家にあるものを使うことを怖がらないでください。幻想の家を恐れないでください。真実を知る者を脅かすことができる幻想など、ないのではないですか。

11.16 人としての経験を求める衝動の最初のレッスンは、正しくあることに対する警告として現れます。その警告は、あなたが幻想の思考体系を真実の思考体系で置き換えるとき、本当のあなたの真実を思い出させるために現れます。大義名分を見出す個の自分を忘れるよう呼びかけられていることを、あなたに思い出させるための警告です。あなたは正しくありません。他者は間違っていません。古い思考体系が新しいものにすっかり置き換わると、正誤の概念がなくなるため、こうした衝動は続きません。こんな衝動は、過渡期にあるだけです。その間だけ、人としての経験を求める衝動に関するこうした注意が必要なのです。

第十二章　真実の家にいる身体の自分

12.1 意識は、自覚した状態を指します。「我ここにあり」というステートメントは、意識を自覚している状態を述べたものです。まず初めに意識があり、次にこのステートメントが生まれ、その次に真の自己が創造されました。個の自分は、そのあとに生まれました。

12.2 あなたは、個の自分の意識とも言える「時間」の中にいます。だからこそ、個の自分として取り組み、連なる意識の一段階として個の自分があることに気づいていきます。個の自分が生まれる前の段階は、時間の中にはありません。「時間」の創造と個の自分の創造は同時に起こりました。個の自分の前の段階は、時間の中で生まれたものではないため永遠に存在します。それは今も昔もずっと存在している、永遠の意識レベルです。

12.3 人としての経験を求める衝動は、時間の中にしかありません。これから、人としての経験を時間という枠から出していきます。そのためにまず、時間に縛られている衝動を取り除かなくてはなりません。

12.4 物事や形には時間という制約がありますが、魂にはその制約がありません。真実の家は時間に制限されることなく、真実の家のまま存在し続けます。では、個の自分はどのように時間の外側にある経験を認識し始めるのでしょうか。その答えは、個の自分の意識を、時間に縛られた状態から永遠の意識に変化させることです。以前述べたように、その変化が奇跡です。わたしたちが目指すゴールは、奇跡です。

12.5 これまでの目標は、意識を真のアイデンティティに戻すことでした。目指す先を変える今、あなたが真のアイデンティティを認識できたことを、わたしが断言します。このコースの目標は達成されましたが、あなたの意識はまだ時間と結びついているので、あなたの意識には制限がかかっています。前に述べたように、存在し続ける制限を取り除くには、時間に縛られたあらゆる衝動を取り除かなければなりません。

12.6 こうした衝動は、身体の衝動ではありません。身体の衝動に感じるかもしれませんが、身体は中立です。あらゆる衝動はマインドで起こり、身体に移行します。衝動が愛から生じることはありません。愛に属していると思われる衝動があるかもしれませんが、それらは愛に起因したものではありません。

12.7 今まで眠っていたあなたのマインドは、大きな変化が待ち受けていることを察します。もしここで述べている大きな変化が、夢にも思っていなかったまったく新しいものだと気づかない場合、それは恐ろしいものに感じるでしょう。あなたが夢にも思っていなかった状態とは、神の愛の法則が、物質の世界において存在する状態です。これは、人としての経験が愛から生じている場合、そのすべてが存在し続けることを意味します。失われるものはすべて、恐れから生じています。

12.8 では、人としての経験を得るために選んだ選択肢に戻りましょう。その選択は、物質の世界で自分を表現するために選ばれました。そう選択する前は今とは違い、あなたが「よりよい」「より正しい」ということはありませんでした。あなたは、先に述べた創造の法則と創造の段階に合わせて選択しました。多くの経験は、その選択の結果として起こったものです。その中には、恐れの結果、または愛の結果として起こったものもあるでしょう。本当の自分を物理的に表現する選択は、恐れからではなく愛から生じます。身体の自分が、神の法則や創造の法則と一致していないということではありません。その選択は、単純に選択でしかないということです。

12.9 身体による人生が苦悩と衝突の人生となってしまった理由は、身体を持つ個の自分が関係性の中で存在することを忘れ、分離して孤立していると信じてしまったからに他なりません。その恐れの中で、エゴの自分が形成されました。エゴの自分は恐れから生じたため、愛や創造の法則とは調和しません。神の法則と調和しない状態にあると知ったエゴは、神を恐るべき存在に仕立て上げました。そのせいで、恐れのサイクルから抜ける道を見つけられずにいます。

12.10 あらゆる創造の中で、身体の自分が愛の法則に則り、真の自己を表現することを選ぶよりも偉大なことがあるでしょうか。それは、真実の家にいたまま、平和と愛に調和する方法で自分を表現するということです。復活として知られるイエスの蘇りとは、そのことを指しています。

12.11 創造過程では間違いが生じる可能性があることを告げられたように感じるかもしれませんが、創造とは変化と成長のことだと覚えておいてください。創造には正解も不正解もなく、成長と変化の段階があるだけです。人類は今、大きな成長と変化を迎える段階にきています。あなたの準備はできていますか。

第十三章　実践：失うものは何もなく、得るものしかない

13.1 わたしたちは、自分のアイデンティティを確立するという、かつての目的にずっと忠実でした。しかし、今は新しい目的があります。それは、人の形のまま本当の自分でいるという奇跡です。ですから、今目指している新しいゴールが本当に自分の望むものなのかという疑念に邪魔されず、前に進むことができます。

13.2 わたしたちは、人としての経験を求める衝動の意味を明らかにしてきました。解説Ⅰでは、極端な経験に対する衝動について話しました。神の平和からあなたを引き離す経験は、本当の自分に気づいている状態からあなたを引き離し、その結果、あなたは人としての経験をしている個の自分しか自覚できずにいることを述べました。あなたは、その状態でもまだ神とのつながりを感じるかもしれませんが、神の平和の内にとどまることはありません。あなたの現実が身体の経験や個の自分であり続ける限り、あなたにとって、真の自己や神はただの記憶でしかありません。その状態では、あなたは神を自分の外側の存在としてしか考えられず、極度に辛い経験や楽しい経験をしても、そこに愛があるとは思いません。むしろ、楽しいことが終わってしまうのではないか、苦悩が続くのではないかと恐れを抱くようになります。恐れを抱けば、疑念や罪悪感がなくなることはありません。

13.3 経験を引き起こした原因を見つめて衝動の本当の意味がわかってくると、衝動に悩まされることが少なく

なっていきます。

13.4 衝動のない身体での人生というヴィジョンの全体像が今、明らかになりました。あなたは自分を誘惑するものを自分で作り出してきたので、それらを信じ、それらが自分に及ぼす影響力を信じてきました。そして、そのように身につけてしまった数々の知識を取り消しました。すでになされた取り消しを繰り返す必要はありません。今あなたの目の前にある新たな学びとは、ただ真実という新しい思考体系に従って学ぶことです。真実を受け入れ、幻想を去ることとです。新しい思考体系は簡単に学べます。愛に属するものは真実で、恐れに属するものは幻想です。衝動とは、愛のないところで愛を見ようとし、恐れがあるところで恐れを見ないようにすることです。けれども今、唯一重要なのは、愛と恐れのどちらが原因であるかを見極めるあなたの力です。あなたは、真実だと信じてアイディアに変換できたものに準じて、新しいものを創造していくからです。

13.5 身体が楽しいと知覚したものも、苦痛だと知覚したものも、その源は同じであることを今、思い出してください。源は身体ではなく、身体と自分自身についてあなたが信じていることです。あなたは、楽しいことは苦痛という代償を伴ってやってくるものだと信じてきました。そんなあなたが信じてきたのは人の法則です。人の法則は次の考えを存続させるために作られました。まず、あらゆるものに対して代償を払わなければならないという考え、そして、得たいものはすべて獲得しなければならないという考え、最後に、得たものはそれを奪おうとする人たちから守らなければならないという考えです。

13.6 あなた方はあらゆる犠牲を払ったにも関わらず、こうした考えにはもう執着していません。ここが出発点です。愛の法則によってこれらの考えを、失うものは何もなく得るものしかないという考えに置き換えることは、得たものの代償を自ら払う衝動を抑えることになります。

13.7 わたしが出発点と言うのは、あなたは今日から毎日「獲得する」「代償を払う」といった概念を信じたくなる衝動にただ抵抗することで、新しい考えを実践していけるからです。どのようにそれを実践に移すかは、あなたの選択次第です。しかし、自分の道を獲得する必要も、そのための代償を払う必要もないという考えを自ら生み出し、その考えに従って生きなくてはなりません。多くの人はすぐに自分が生き残るために必要なものについて考えますが、自分の道を獲得し、そのために代償を払うという考えが唯一の方法ではありません。そんな古い考えは「これをしたら、あれが起こる」という信念と同じです。これから新しい考えを実践に移す際は、次の言葉を繰り返し自分に言い聞かせるとよいでしょう。

13.8 「わたしは安全です。わたしがすることや、わたしがしないことが、わたしの安全を脅かすことはありません」

13.9 そう自分に述べるとき、自分がそれを信じていないことに気づくでしょう。それでも実は、あなたはこの言葉が意味することを信じています。でもこの言葉で、今生きている人生を語り尽くせるとは思っていません。あなたが今、しなければならないことは、この言葉が意味する真実をあなたの人生を使って体現することです。

13.10 とはいっても、愚かな行動をしてこの言葉の真偽を確かめなさいという意味ではありません。もしそうするなら、この言葉が真実ではなく魔術であるかのように行動することになります。あなたに求められているのは、この言葉が真実であるかのように行動することです。新しい考えを受け入れたことを反映させるために、例えば一日に一つ何かを変えるといった簡単な選択から始めてもよいでしょう。始めるときは、恐れを生み出さない行動を選んでください。例えば、次のようなことを自分に言い聞かせてもよいでしょう。「必要な睡眠を十分に取れれば、朝すっきりと目覚めて一日を始められます。そうすることで悲惨な結末になることはありません」。一日に少しだけ、普段よりも自由に使える金額を決めたりしてもよいでしょう。常に心にとどめておけば、あなたの予算に悪い影響を及ぼすことはないはずです。

13.11 こうした例はとてもシンプルで、わたしがこのコースで提供しないと述べていた自己救済的なアドバイスのように感じられるかもしれません。けれどもこうした例は、あなた自身の考えを育むために役立つものです。自分の考えはすべて愛に基づくものだと思い出せれば、その結果を生み出せないことはありません。

13.12 次に、自分の考えから生じた行動の結果について、あなたがどう思うかという問題があります。あなたは、結果がどうであれ、それを恐れる理由はない、という考えを持たなくてはなりません。博愛と豊かさの考えを生み出していかなくてはなりません。

13.13 ここで述べた簡単な例は、行動に関するものです。考えは、行動する必要がなくても確実に生まれます。しかし行動は、考えを信念から区別するために必要です。その場合の行動は身体的なものに限りませんが、本質的には生命を生み出すことと言えます。あなたは、自分が生み出したものではないものをたくさん信じています。まずそれに気づいてください。あなたが信じるそれらについてあなた自身の考えを持つまでは、あなたは、「自分」の信念という観点でそれらを信じているとは言えません。自分自身の考えを持たずに信じることは、間違った信念に侵される危険に直面することになります。

13.14 あなた自身の考えを生み出すことは、創造的な行為です。それは関係性の中で起こります。自分の考えに従って行動することで、身体と真の自己の間に関係性が生まれます。身体の自分が、真の自己から生まれた思いやイメージを形で表すからです。わたしたちがここで話している考えとは、個の自分によって象徴される、真の自己から生まれた思いやイメージのことです。個の自分は、真の自己から生まれた思いやイメージを象徴することでしか、真の自己を表に出すことはできません。

第十四章　本当の自分以外の存在にはなれない

14.1 エゴの思考体系が死を迎え、真実の思考体系の誕生へと道を明け渡しました。エゴの思考体系は、恐れに基づいていました。ある思考体系から別の思考体系に移行する際、もっとも微かで、かつ重要な変化が起こります。それは、エゴの思考体系の恐れから真実の思考体系の愛に土台が変わることです。恐れでできていた土台が今、エゴと同様にあなたから消え去りました。でも恐れに満ちた行動パターンはまだ残っているので、新しい考えや活動が阻止される可能性があります。こうした恐れのパターンが活動を抑制する形で続くうちは、新しい思考体系から生まれる「生きる」自由を経験できないでしょう。それでも新しい思考体系は、あなたのマインドとハートに存在しています。あなたからその記憶を奪えるものはないからです。しかし思考のみでその新しい思考体系を経験しても、あなたが望む身体的経験における変化は生じません。あなたは、有意義な人生をより穏やかに送るかもしれませんが、わたしが求める救世主にはならないでしょう。あなたは、わたしが創造して欲しい新しい世界という天国を地上で作る人にもならないでしょう。

14.2 新しい思考体系を持つことと、新しい思考体系で生きることの違いをより明確にしておきましょう。あなたは今、エゴの思考体系を真実の思考体系に変換させているので、これから博愛や豊かさといったものを信じていくことでしょう。これが何を意味するかというと、あなたはゆっくりと欠如にまつわるあらゆる考えを豊かさの考えへと変換し、非難する考えを愛の考えに翻訳していくということです。ですからその時期が終わると、現状を呪ったり、他人の健康や富や地位を喜べないことに罪悪感を覚えたりするのではなく、現状を受け入れ、その中で安らぎと喜びを感じ始めるようになります。もし不健康なら、以前より楽に苦痛に対処できるようになるかもしれません。経済的に不安定なら、多くを望まずシンプルな暮らしに満足する自分を喜べるようになるかもしれません。人から尊敬されていないと思うなら、他者が自分をどう思うかは重要ではないと思えるようになり、高められた自己概念を楽しめるようになるかもしれません。これらは皆、素晴らしい目標ですが、こうしたことがわたしたちの目指すゴールではありません。これらは、まだ実践されていない新しい信念を持った結果に過ぎません。そんな不安定な状態は、ある状況や他者によってあっという間に脅かされます。そして起きた出来事を判断し、それを「悪」と分類づけるレベルまであなたを後退させます。するとあなたはすぐに自分の外側にいる「神」に仲介を求め、自分以外の何かを責めます。しかし真実の家の住人は、そう長くは幻想にとどまらないので、素早く平静を取り戻します。けれども、古いパターンはまだ壊れていません。苦悩や対立がまだ生じるかもしれないと感じるでしょう。あなたはそんな過程を経て振り返ったとき、真実を目撃します。そしてレッスンを終えたことに気づきます。しばらくの間、幻想と戯れていただけだったことを知ります。幻想との戯れは人としての経験を求める衝動であり、その衝動がなければ幻想との戯れは起こりません。

14.3 すでに明確だと思いますが、真実の家にとどまっていても、古い行動パターンを持ち出すことは可能です。でも、古い思考体系から新しい思考体系への変換が完了すれば、それはもう起きません。とはいっても、あなたが知に従って生きることを拒否し、本当の自分として生きることを拒否していれば、その変換は完了しません。

14.4 あなたはもう十分に真実を見ることができるのに、まだ真実を見ていないかのような「振る舞い」を今でもします。世代を超え、そう引き継がれてきました。あなたがこうした指示に注意を向けないなら、その振る舞いは今後も続くでしょう。

14.5 けれども、わたしはよい知らせを届ける存在です。あなたが忘れているかもしれない、よい知らせをもう一度伝えましょう。あなたは本当の自分以外の存在にはなれません。この考えは、恐れという古い思考体系に基づく行動パターンから去る上で非常に役立つ大事な考えです。古い思考体系が恐れを土台として築かれているにも関わらず、あなたは本当の自分以外の存在ではいられないのです。これがあなたの学びの現段階で意味することは、あなたには、自分の人生に多くの不満を抱えている自覚があるということです。真実の家に住み始め、愛の目で見始めると、人生で変えたくなるものが想像以上になくなっていきます。そして、さまざまな新しい考えによって自分がどこへ導かれるのか怖くなるでしょう。確かに大きな変化が待ち受けているかもしれません。しかし、大きな変化に遭う人たちはそれを望んだ人たちです。とはいっても、そんな大きな変化を求めた彼らでさえも、その大きな変化のせいで自分が本当の自分でなくなってしまうことはないことを知るでしょう。本当のあなたに、おかしなところなどありません！

14.6 愛の目で新たに見ていくと、愛を見つけるために人生をそっくり変える必要性に直面するのではなく、今生きている人生の至るところで愛を目撃するようになります。危険を冒さなければいけないのではと心配しているあなた、心配は無用です！　あなたに訪れる変化は、選ばれた変化です。あなたが持っておくべきもので、失うものは何もありません。

14.7 これこそまさに、病気で不快な人生、不足だらけの貧しい人生、尊敬も評判も得られない人生を、あなたが送り続けないことを選択しなければならない理由です。こうしたものを持ったままでいるのか、それらを手放すのか、あなたの選択にかかっています。

14.8 目の前の選択に恐れを感じるのは、あなたがすでに抱いている古い不安からくるものです。しかし、その選択は決断し続けるものではなく、ただ新しい思考体系の真実に従って生きることを選ぶためのものです。恐れから生じていた行動パターンと古いものを手放せば、持っていたいものと手放したいもののすべてが明らかになります。あなたが持っていたいものは愛に属し、手放したいものは幻想に属します。

14.9 これまでの人生で下した選択が愛によるものか、本当の自分によるものか、恐れによるものか、そのすべてが明らかになるでしょう。恐れによる選択の結果がいかに小さなものであったかということもはっきりするでしょう。恐れに満ちた選択が、あなたや他者から奪ったものは何もありませんでした。

14.10 この時点でまだ執着していることや、ゆるせないものがあるのなら、今こそそれを手放すときです。前の段落を読み、過去の選択を後悔しない人がいるのは構わないけれども、自分はつい後悔してしまうという場合、わたしのこの言葉を信じてください。あなたはどんなに自責の念を感じても、自分を責めることを手放さなくてはなりません。もし他者を傷つけたことを後悔したり悪く思ったりしていないなら、あなたはここにはいないはずです。まだ、愛の中へと運んで新しい光の中で見ていない過去の行動があるのなら、そのすべてが今、真実の光の中で本当の姿を現します。

14.11 わたしたちは、復讐と非難の歴史的原因を見てきました。選択された苦悩は非常に強力でした。今行うべきことは、背景の理由を調べたり、過去に関して解決法を探したりすることではありません。今すべきことは、苦悩を続けたいのか、それとも続けたくないのかという選択です。後悔したままなら、あなたは非難し続けます。非難し続けるなら、あなたは恨み続けます。後悔や非難が自分に向けられる場合、それを手放す権利が自分にあるとは思えないかもしれません。そう思えないなら、あなたは辛い思いをし続けることを選び、自分の

「罪」を罰することを選んでいることになります。そんなものを選び続けているうちは、あなたの世界でそれが証拠として存在し続けるでしょう。それは唯一あなたが選択できる、利己的と呼ぶにふさわしい行為です。今は利己的であるよりも「無私無欲」でいましょう。そんな行為を生み出していた幻想の中で、あなたが責めていたあなた自身が消え去ることを認めてあげましょう。恨みは、エゴのようにあらゆるものに内在することを覚えておいてください。もし平和な世界を案内するために恨みを手放さない兄弟姉妹がいたとしたら、あなたはそれこそ身勝手な行動だと思うのではないですか。

14.12 アトーンメントや訂正は、あなたではなく神に属すものです。このことを考えるとき、あなたは自然治癒力を思い浮かべるかもしれません。あなたは自然の一部です。あなたの身体は訂正し、自然治癒することができます。マインドやハートも、あなたがそうさせれば同じことをします。時間に縛られた意識は、過去が真実であるかのように過去に執着します。そして、訂正が起こることを阻止します。過去はもう存在しないので、過去を土台に現在や未来が築かれることはありません。だからこそ、わたしたちは多くの時間を費やして取り消し、忘れるレッスンを続けます。

14.13 復活や再生は、そもそも完全でなければ起こりません。なぜ過去に執着していては駄目なのかわかりますか。新しいものには過去の前例がありません。だからこそあなたに求められているものは、あなたが想像すらできない新しい人生だと述べてきました。過去に思いを馳せないでください。過去を引きずる理由を作らないでください。過去は、未来に向かう出発点に過ぎません。わたしたちは、非難した結果について話してきました。あらゆるものが非難の考えから生まれていたことを、あなたがいかに気づいていないかを述べてきました。過去についても同じです。まだ書かれていない二ページ目の物語は、一ページ目に基づいているのです。

14.14 わたしたちは今、新しい創世記の第一ページ目を書いています。新しい創世記が今、始まります。愛である真の自己が蘇るとともに、それは始まります。内なるキリストが生まれ、キリストとして世界を生きる意志をもって、それは始まります。

第十五章　新たな始まり

15.1　あなた方の中には、新たな始まりを人より多く経験している人もいるでしょう。成人の大半は、何らかの形で新たな始まりを経験しています。婚姻関係を結んでいた人たちの中には、しばしば過去をゆるし、新たな関係を築き直す選択を迫られた人もいるでしょう。同じような状況で、過去を手放し、新しい関係に移行したという人もいるでしょう。もう一度チャンスを与えるために、人の道から外れた子供を再び家に迎え入れたという親もいるでしょう。新しい友情は人生のあらゆる段階で結ばれます。新しい友人との関係は、毎回、新たな始まりをもたらしてくれます。環境や職場が変わり、一から再スタートを切る人もいるでしょう。学生にとって、学年の始まりは、心機一転できるスタートです。愛する人の死や新しい家族の誕生は、人生に新たな設定をもたらします。自然界では毎年、新たな始まりである春を迎えます。

15.2　人としての経験で、新たな始まりを妨げるものがあります。それは、今までと事態が変わることを拒む思いです。誕生と死に遭遇したときだけ、そのような思いから離れることができます。このことはまたあとで話しますので、まずは誕生と死以外の新たな始まりと、それらを妨げるものについて見ていきましょう。

15.3　新たな始まりは、関係性の外側では起こりません。特別な関係という概念は、新たな始まりを妨げる一つです。あらゆる特別な関係の根底には、ある種の期待があります。ある特定の行動を期待したり、関係性の中で特別扱いが続くことを期待したりします。特に特別な関係で好ましくない行動が起こると、再びそれが起こるのではないかという思いは避け難いものになります。しかし、そんな期待が特別扱いに対するものなのか、それとも好ましくない行動に対するものなのかは問題ではありません。期待は人間関係で常識とされる一定の基準でなされ、その基準は過去に基づいています。ほとんどの場合、過去に基づくその基準が、真に新しい始まりを妨げます。

15.4 過去の出来事のせいで新たな始まりが愚かに見える場合がありますが、それでも新たな始まりは訪れます。あなたの中には常に、変わって欲しい「何か」があります。でも、人は変わらないという考えが根底にあるため、変わって欲しいという思いはあなたの内側で相殺されます。あなたは、自分と関わった人たちが真の彼らでないところを想像できません。これは真実と一致しますが、自分の過去の行動に影響されない人というのはいないのではないでしょうか。

15.5 自他に新たな始まりをもたらそうとするとき、あなたは新たな始まりを信じているように振る舞うことがあります。その始まりは見せかけで、本当は何も変わっていないことを証明する些細な過ちを待ち受けているときでさえ、あなたは、新たな始まりを信じているかのように行動することがあります。例えば前の年に勉強で失敗した学生は、今年こそ大丈夫だと自信を持って頑張っていても、失敗した記憶に悩まされるものです。アルコール中毒者は、かつての行動を繰り返さないよう強い信念とともに毎日を過ごしていても、過去の依存症や屈辱の記憶を生々しく持ち続けるものです。愛する人がアルコール中毒の場合も同様に、信じて日々過ごしていても、つい相手を疑い、信じる気持ちを裏切る証拠を探したりするものです。犯罪者は、社会の尽力や愛する人たちが寄せてくれる希望があるにも関わらず、更生するとは思われていません。

15.6 あなた方は皆、自分が過去の荷物を背負っていると信じています。過去の荷物とは、あなた自身の荷物だけでなく、あらゆる特別な関係で背負った荷物も含まれます。新たな始まりで失敗した人との特別な関係は、その関係に関わる全員の失敗を招くことがあります。あなた方は皆、成功や失敗に対し一定の基準を設けています。いつそうなればよいかというタイミングも、だいたい決めています。例えば、新しいものに対する信頼を築くための変化を体験する期間は、六ヶ月と考える人もいれば、六年でも足りないと考える人もいます。

15.7 今こそ、人は真に変われるという考えを持たなくてはなりません。あなたは、不変の核や軸が一人ひとりにあると本能的に知っていますが、その核や軸は過去の象徴であるという考えを今、手放さなければなりません。そして、未来が過去と違うはずがないという考えを忘れなくてはなりません。

15.8 エゴの死とともに特別な関係もまた、最期を迎えます。以前述べたように、このレッスンは治療のように思えるかもしれませんが、実は古いパターンを打ち破る新しい考えをあなたが生み出す手助けをします。

15.9 あなたに今求められている新たな始まりは、あなたが与えられ試してきたあらゆることと同じく、関係性の中で生じます。新たな始まりが他のものと違う点は、それが特別な関係ではなく聖なる関係で起こる点です。

15.10 聖なる関係は、マインドとハートが融合して一つになることで達成されてきました。聖なる関係は、真の自己との関係とも言えます。真の自己は、真実の家の中であらゆるものと融合しています。この関係性が真の自己をあらゆるものとつなげ、真の自己の聖性をあらゆるものに届けます。

15.11 エゴの思考体系から真実の思考体系への変換を終わらせること以外で、この新たな始まりを妨げるものは何もありません。以前話したように、古い思考体系では新しいことを学べません。幻想を学ぶために用いたメソッドでは真実を学べません。このコースでは、愛を学ぶことはできないと教えています。わたしは、新しい思考体系では、愛と平和と真実は取り替え可能な概念だと言いました。ですから、真実は愛と同様にあなたが学べるものではありません。ここで朗報なのは、真実を学ぶ必要はなかったことです。真実はあなたの中にあり、あなたは今、それが現実であると気づいています。

15.12 では、どのように新たな始まりである新しい現実にアクセスし、そこで生きるのでしょうか。答えは、真実に従って生きることとです。

15.13 このコースのワークはあなたの内側でなされることなので、第二部ではもはやその過程については触れません。しかし、あなたが学んだことを実践して生きる手助けをしようとしています。学びは、真の自己に戻るために必要なものでした。あなたがいかなるメソッドで学んできたと思っているにせよ、このコースでは、エゴの学び方を回避し、あらためて知るために内なるキリストに呼びかける、ということをしてきました。その学びによって、古いものに終止符を打ちました。学んだことを実践して生きることで、新しいものに導かれます。

15.14 新たな始まりについてあなたの古い考えを例えに出しましたが、それは、あなたがなぜ新たな始まりに取り組めないかを伝えるためでした。古い思考体系から新しい思考体系に変換するとき、あなたを一番助けるものは、融合に関する解説Ⅱであなたが取り入れた次の信念です。

あなたは完成された存在です。

15.15 **与えることと受け取ることは真に同じです。**

愛の法則では、失うことは何もなく得ることしかありません。

特別な関係が聖なる関係に置き換わりました。

15.16 今これらにつけ加えることは、こうした信念は形を通して象徴されるということです。これらの信念は、新しい思考体系の助けを得て、「人間」という言葉で記される「自己」の本質を変えることができます。あなたは、人という概念に備わる有限という考えを意識して手放していかなければならないので、これからさらに忘れることを求められます。

15.17 あなたは本当の自分以外の存在にはなれません。本当の自分とは、人の概念や法則で制限されるものではありません。もしこれまで象徴してきた自分と同じように行動し続けるなら、あなたは真実ではなく幻想に従って生きることになります。

15.18 幻想は、今まであなたが従って生きてきた「真実」と言えます。幻想を完全に真実に置き換えることこそ、新しい思考体系でしていくことです。明らかにこの交換は完全に行われなければなりません。それを行う手段はあなたの手中にあります。あなたは手ぶらな状態などではありません。あなたは、真実、愛、神の平和とともに歩んでいます。

第十六章　意志と衝動と信念

16.1 あなたが神に捧げるよう求められているものは、真実に従って生きる意志だけです。他のものを捧げる必要はありません。何かを犠牲にする必要もありません。犠牲は神にとって受け入れられないものです。あなたは、意志のない状態でいることだけをやめるよう求められています。

16.2 あなたは意志だけを捧げるよう求められているとは、あなたはそれ以外やそれ以下のものを与える必要はないという意味です。また、意志以外のものや意志に満たないものを与えることはできないという意味です。この呼びかけに応えるために努力する必要はありません。あなたが創造するよう呼びかけられている新しい世界を創造するために、あなたが苦労する必要はありません。計画も要りません。新しい世界がどんなところか、明確に知らなくても大丈夫です。ただ真実に従って生きる意志だけが必要です。

16.3 古いものから新しいものを創造できるという考えを忘れなくてはいけません。もしそんなことが可能なら、あなたは努力し、苦悩し、計画し、確実な予定を知る状態にあることを求められていることになります。これは、エゴの思考体系による創造の仕方でした。そのやり方は、あなた方が占拠するさまざまな形に大きな進歩をもたらしました。それらの本質を一切変えることなく進歩させてきました。エゴのあらゆる努力は、苦悩や対立を終らせることも、幻想を幸せな夢に変えることもありませんでした。

16.4 あなたはまだ混乱し、わたしから求められていることをするには力不足だと感じているかもしれません。しかしわたしは、あなたが以前より満たされ、幸せで安らぎ、恐れから解放されていると自信を持って言えます。あなたの人生はあなたの希望通りの変化を遂げておらず、限界が依然として存在し、以前よりも苛立たしく感じるかもしれませんが、変化に対する希望があなたの内側に吹き込まれたとわたしは自信を持って言えます。あなたは、新しい自分を日常生活で反映させるためにその変化を求めています。

16.5 第一部ですでに、あなたの焦りについて話しました。このコースが未来に対す焦りをすべて解放するきっかけになるとも述べました。未来に対する焦りは、今ある現状でしか鎮まりません。

16.6 時間差こそ、ここで話している未来の青写真を作り出しているように見えますが、実際は、現在が存在するだけです。現在と未来の時間差を存続させるものや、現在が未来の状況に置き換わることを待つだけのように感じられたとしても、その考えが変わる、ということがあなたの内側で起こらなければなりません。すでに述べたように、その変化は、時間に縛られた人としての経験を求める衝動と結びついています。そんなあらゆる衝動は、融合に関する解説Ⅱで述べた信念と結びついています。

16.7 **あなたはすでに完成された存在です。**

16.8 あなたは完成されているだけでなく、神によって完成された人です。つまりあなたはすでに、あなたがなりたかった自分になっています。ですから、真実に従って生きるには、神によって完成された人として世界を歩み、真の自分以外の自分になろうと四苦八苦するのをやめなくてはなりません。本当の自分ではない自分になろうと四苦八苦することが、人としての経験を求める衝動だと言えます。その衝動はさまざまな形で現れますが、そのすべてが、古いパターンである自分に対する不満と結びついています。こうした衝動はまた、何かに挑戦するときの好奇心にも通じていますが、それはまさに、人生で設定したゴールをあなたに「達成」させようとするものだと言えます。こうした衝動に抵抗するには、自分という存在はすでに完成されているという考えに抵抗せずにいることが大事です。マインドとハートの最前線でその考えを保つことが、エゴの思考体系から真実の思考体系へと変換する手助けになります。

16.9 **与えることと受け取ることは真に同じです。**

16.10 これは、あなたにとって足りないものとは、あなたが与えていないものだという意味です。足りないという信念は、人としての経験を求める衝動でもあります。それは、他者から得るものがあると感じられるあらゆる状況に結びついています。繰り返しますが、これは古いパターンである自分への不満に結びついています。あなたがまだ抱えているかもしれない、他者はより多くを手にしているという考えや、自分の願いは叶わなかったという思いとも結びついています。そういう思いを持たずに生きなさいと言われているように思うかもしれませんが、そうではありません。あなたはただ、与えなさい、そして受け取りなさいと言われているだけです。あなたは与えるものを受け取ります。あなたが受け取るものは、あなたが与えるものです。

16.11 **愛の法則では、失うものは何もなく得るものしかありません。**

16.12 そう言われることは、恐れを持たないようにしなさいと言われることと同じです。失うことへの恐怖は、人としての経験に対する大きな衝動となります。もし失う恐怖がなければ、真実の思考体系によって生きる難しさを感じることはないでしょう。この恐れは、変化に対するあなたの考えと大いに関連し、あなたの新たな始まりの大きな障害になっています。こうした衝動は、結果を恐れるあまりあなたが恐れるあらゆる行動と結びついています。その恐れがあなたからあなたの確信を奪い、その結果、あなたは信頼できずにいます。こうした衝動に抵抗する鍵は、愛の法則では失うものは何もなく得るものしかない、という考えに抵抗せずにいることです。

16.13 特別な関係は、聖なる関係に置き換わりました。

16.14 これは、あなたには真実との関係性があるだけで、もはや幻想との関係性はないという意味です。特別な関係に関するあらゆる恐れもまた、人としての経験を求める衝動と言えます。この衝動は、いわゆる人間関係の問題と結びついています。欲求、恐れ、希望、期待はすべて、古い考えの特別な関係から生じた衝動です。例えば、よき行いをしたり、よき人であろうとしたり、誰かを助けたり、頑張って世界をよりよい場所にしたりするための計画は、どれもこのカテゴリーに入ります。あなたの守りたい、支配したいという思いの根底には、特別な関係を続ける必要があるというあなたの思いがあります。

16.15 今度こそ、特別性を維持する必要があるという考えを忘れなくてはなりません。聖なる関係がその衝動をなくす助けとなります。聖なる関係の中では、あらゆる人が愛の抱擁で守られ融合して生きています。真の自分を象徴するという考えを実践して生きることが地上に新たな天国を創造させるなら、あなたは、新しい真の自己が創造して引き起こす変化のせいで他者が苦しむのではないかという恐れを脇に置くことができます。内なる神の愛を感じて生きると、特別な恋愛関係は要らないことがわかります。本当に分かち合えるものとは、関係性を通して分かち合う愛と真の自己以外にないことがわかるでしょう。あなたは、誰のことも特別な存在に仕立て上げる必要のないことに気づくでしょう。かつて幻想の中で見ていた彼らではなく、本当の彼らの真実を見られるからです。

16.16 あらゆる衝動はエゴの思考体系の中で連携し、すべてが網羅され絡み合って見えるパターンを作り出しました。すべてを網羅するものは真実だけです。幻想は部分部分で形成され、それぞれの間につながりを作る力があるように見せかけているだけで、真のつながりを作り出すことはありません。一部を手放せば、間もなくすべてがもとの塵と化し、崩れ落ちるでしょう。幻想の家をまとまりあるものにするために用いていたセメントとは、あなたの恐れに過ぎませんでした。

16.17 ほんの一部でも、真実の教えを受け入れましょう。すると逆転が生じます。真実の思考体系がいかに早く築かれ、真に相互に関連する完全な思考体系が作り出されるのか見てみましょう。真実の家を形成するのは、永遠の愛です。永遠の愛が、常にあなたを包んできました。永遠の愛は、あなたから永遠の愛を隠してきた幻想の家でさえも、いつも包み込んでいました。

第十七章　学びにおける過ち

17.1 なぜあなたは、真実を隠すことを選んだのでしょうか。すでに述べたように、身体を使って真の自己を表現する選択は、愛の法則に沿った選択です。そうするために真の自己が分離している必要はありません。けれども真の自己は、目に映る形をまとう必要があり、同じく目に映る形をまとう他者と関係を築き、その関係性の中で生きなければなりません。これは、単純に愛の表現が物質の世界で創造され、観察されるためです。

17.2 アダムとイブが知恵の樹の実を食べたという聖書の物語は、この観察結果を描き、樹の実を食べたことから生じる判断を描写したものです。本当の自分ではない自分が、見たものを判断し、自己は融合から墜落しました。自他のあらゆる創造物を区別し始めたことで、融合から追放されたのです。創造の物語に生物の命名が含まれているのはこのためです。それが知覚の始まりで、観察対象と観察者は異なる存在だという考えの始まりでした。今では、科学が観察者と観察対象の関係を証明し、人が人に与えざるを得ない影響を証明しています。科学が進歩し、人類の本質を見つけ出すのはまだ先の話でしょうが、日々、融合の解明とあらゆるものの相互関連の解明へと近づいていています。

17.3 魂が形をまとうや否や、人は時間の中で生き始めました。選択された経験には、始まりと終わりが必要になったからです。したがって、形ある一人ひとりが時間の「中」へと生まれ、時間の「外」へと亡くなっていきます。誕生と死は、常に選択肢として存在しています。それは、時間の中の限りある経験に設けられた始まりと終わりです。それが、限りあるものの本質です。あなたが真に新たな始まりと思っていたものは、誕生と死だけです。

17.4 以前述べたように、時間とは、学びが起こるまでの「時間」のことです。物質の世界で生きるという、新たな経験が選ばれました。あなたに今呼びかけられている新たな始まりと同じように、それは新しい始まりでした。その始まりにより、身体を持つまでは必要のなかった身体の思考体系を学ばなければなりませんでした。アダムとイブの創造の話は他の多くの創造物語と同様に、身体の思考体系を学んだ「過ち」の話です。その過ちは、その後に生じたあらゆるものの土台となりました。

17.5 その過ちによって、自分から離れた「別の存在」として神をとらえるようになりました。それは物質の世界で観察可能なものから学ぶという、自ら望んだ経験において大事なことでした。観察できないものを忘れ、真実を取り消して忘れる過程を始める上でも大事なことでした。時間という仕組みの中で真実でないものを学ぶことを通し、あなたは今いる世界に導かれました。真実でないことを学べるというのは、変に聞こえるかもしれません。しかし身体による経験で学ばれたことは、まさに真実でないものでした。真の自己は真実でないものを学べないため、エゴという新しい自己が形成されました。エゴは真実を学べないので、この学びを起こすには、あなたの真の自己が呼び起こされなければなりませんでした。

17.6 ホーリースピリットが受け取った呼びかけは、その記憶をあなた方のマインドとハートに蘇らせることでした。あなたが思い出すよう、もう一度言わせてください。ホーリースピリットとは、本当のあなたであり、あなたと神の本質です。「ホーリースピリット」という名もまた、本質を表す言葉、つまりシンボルに過ぎません。ここで、あなたの知るホーリースピリットの物語や、本質を象徴した物語を思い浮かべてみてください。

ホーリースピリットは、そうした物語の中では常に、真の自己を幻想の自己に戻すよう呼びかけられています。ホーリースピリットは、あなたのマインドとハートに戻るよう求められているのです。

17.7 解説Iで述べましたが、ホーリースピリットの時代が終わり、今やキリストが再臨するときを迎えています。キリストの名はイエスというわたしの名と結びついていますが、それはわたしが人として、わたし自身のマインドとハートの中でホーリースピリットとともに生きたからです。それ自体が真実を象徴していました。わたしの他にも名のある多くの人たちが真実を象徴しました。彼らはそうすることで、彼ら自身の幻想を一掃し、かつ彼らの教えと手本に従った人々の幻想をも一掃しました。これは、ホーリースピリットの時代に起こったことでした。

17.8 ホーリースピリットは創造主の神とは違い、幻想やエゴの思考体系の存在を知っていました。幻想の中でコミュニケーションを取ることもできました。エゴとコミュニケーションを取る手段がなければ、あなたは真実を学ぶ力を取り戻すことはできなかったでしょう。今、ホーリースピリットの「時代」が終わりを迎えました。幻想の時間が今、終わりを告げるよう呼びかけられたからです。限界あるものには終点があります。幻想の時間にとって、今がその終点です。キリストが蘇り、真の自己として、幻想の家でなく真実の家で生きるあなたの力と意志こそが、幻想の時間を終わらせます。真実は真実であり、幻想は幻想です。それらは判断されることがなければ、そのままの真実と幻想でしかありません。同様に始まりも始まりでしかなく、終わりも終わりでしかありません。ここで話している始まりとは、ここで話している終わりのことです。真実だけが現実となるように、幻想と真実の狭間でコミュニケーションが必要だった時間、つまりホーリースピリットの時代が今、終わらなければなりません。

第十八章　観察とは

18.1 あなたは、ホーリースピリットとともに学んでこなかった人が、これからどのように学んでいくのか疑問に思うかもしれません。これからは、観察を通して学びます。

18.2 観察の概念に戻りましょう。今まで話してきた考えと結びつけてみましょう。観察とは、真の自己が表現することを見る力を指します。それは、身体の最初の選択の一つでした。「観察」という言葉は、神を敬愛することと神に身を捧げることに関連するものです。マインドは、目に見えない真実を受け入れたり学んだりすることを毛嫌いしてきました。これからは、目に見える真実を受け入れて学んでいきます。そのためにも、あなた自身が目に見える真実にならなくてはなりません。

18.3 観察は、分離した自己を形成できない関係性の中で起こる行為です。それは原因と結果に通じています。観察されるものは観察者と関係を持ち、その関係性が結果を生みます。これは、身体的経験の最初の選択の一つだったので、当然ながら奇跡という新しい目的にも役立つ選択です。あなたは奇跡によって、人の形のまま本当の自分として生きることできます。人の形は目に見えるので、これがいかに完璧に筋が通っているかわかるでしょう。だからこそ、最後の学びは目に見える形で生じます。これは、あなたが新しい目的のために作ったものを自ら用いることを示す、完璧な例と言えます。あなたが望んだ経験の最後として、これは完璧な終わり方でもあります。そのように終えることが、その経験のゴールだったからです。

18.4 身体を使って本当の自分を表現すると、それを見る人のマインドに真実の記憶が蘇ります。兄弟姉妹を観察するあなたの行為が、彼らのマインドとハートにその記憶を蘇らせます。先ほど新しい目的と述べた奇跡は、あなたが兄弟姉妹の真実を見ることを指します。

18.5 繰り返します。あなたが兄弟姉妹の真実を見ることが、奇跡です。

18.6 あなたが、病気ではなく健康を、貧困ではなく豊かさを、対立ではなく平和を、悲しみではなく幸せを見ると、あなた以上に兄弟姉妹にとって、病気、貧困、対立、悲しみというものが実在しなくなります。

18.7 かつて幻想によって分離していたマインドとハートが幻想を見ていたところで、融合したマインドとハートが真実を見ます。

18.8 初めは、ないものを見るために、目の前で見えているものを否定しなさいと言われているように感じるかもしれません。観察するとは、神を敬愛して身を捧げることです。それを常に覚えていなければなりません。どんなに幻想が現実に見えても、幻想ではなく真実を見るよう呼びかけられていることを常に心にとどめておかなくてはなりません。

18.9 このようにして、身体の仕組みと真実の新しい思考体系をつなげます。身体は、よく言われるように中立です。身体は、あなたが自分のために役立って欲しいと望んだ方法であなたの役に立ち、常にあなたの思考体系に導かれてきました。ですから身体が幻想の思考体系に指示されないのであれば、これからは真実の思考体系に指示されると身体が知るのは当然と言えます。こうして、あなたの肉眼は真実だけを見るようになっていきます。あなたの肉眼は、かつて見えないと思っていたものでさえも見ることを学んでいきます。

18.10 ここで、観察する行為とアイディアを結びつけましょう。アイディアはマインドの中で生じます。あなたはかつて、目に見えるものはマインドの外側で生じると考えていました。これは、エゴの思考体系の考え方です。真実の思考体系は、外側の世界は内側の世界の反映であることを知っています。そのためあなたは、目を開けて観察するときと同じように、目を閉じたまま容易に観察することができます。他者について、健康、豊かさ、平和、幸せという考えを持つことで、あなた自身の中でそれらを「見る」ことができます。それらは、本当のあなたの内側にあるからです。あなたの内側にあるものは、あらゆるものに分かち合われます。それが、あらゆるものをつなぐ真実の関係です。それが今、見えるようにならなければなりません。

第十九章　物理的な現実

19.1 身体が、幻想の思考体系ではなく真実の思考体系に導かれ始めるとき、身体の中で起こる変化を恐れてはなりません。愛から生じたすべてが残り、恐れから生じたすべては消え去ると知れば、こうした変化をそれほど恐れずに済むでしょう。特別な関係が終わると愛する人が離れてしまう、と恐れる必要はありません。他者と分かち合った喜びがなくなることを恐れる必要はないのです。精神的な喜びや霊的な喜び以上に身体的な喜びがなくなることを恐れる必要もありません。

19.2 人類は本当に長い間、霊的な喜びは身体的な喜びを減らすものだと思ってきました。身体に限定された身体的な喜びというものはありません。どんな喜びも、身体だけで感じられるものではないのです。それでもまだあなたは確実に、身体から生じる喜びを経験し表現します。これは、身体を批判しなさいというお願いではありません。身体が、人類の知るもっとも偉大な学びのために役立つよう求められているというのに、どうしてそんなことが言えるでしょうか。

19.3 そのような恐れは鎮めましょう。

19.4 長い間、物理的な現実は、人としての経験を求める衝動と結びついてきました。このつながりを絶ちましょう。身体のせいで、強い欲望や貪欲さ、憎しみや恐れ、復讐や報復といったものから生じる選択がなされました。それらの原因は常に、エゴの思考体系とハートに抱えていた恨みでした。原因と結果は同じなので、相伴う原因がなければ、その結果を物理的に見ることはありません。

19.5 こうした感情は身体で表現され、他者の身体に害を及ぼします。また、非難する口実になったり、身体を恐れる原因になったりします。生き残るために必要な行為にも同じことが言えます。

19.6 本当に長い間、身体が生存する必要性については疑問視されることなく、今でも重要視されています。身体の生き残りたいという「意志」のせいで、あなたは欠如を知覚し、そこからあらゆることをしてきました。けれども、身体に「意志」はありません。真の自己が生きるかどうかは、身体に基づくことではありません。

19.7 霊的な人生は禁欲生活とよく関連づけられるため、あなたは、性的なつながりをやめるよう求められるのではないかと恐れるかもしれません。ですから、性的なつながりについて具体的に話しましょう。融合をより自覚できるようになると、身体的なつながりをあまり求めなくなる人がいる一方で、融合を表現する手段として、より一層、身体的なつながりを求める人もいます。どちらを選んでも、批判の理由にはなりません。

19.8 ただ、区別が必要です。その欲求が愛から生じているのか、それとも恐れから生じているのかという区別です。あらゆる愛の表現は、あらゆる人に最大の恩恵をもたらします。しばらくの間は、愛の表現でないものは、どれも恐れを表現したものだということがわからないかもしれません。しかし、わたしがそうであると断言します。性的行為を含め、どんなものでも愛から生じていない行為は、恐れから生じています。恐れから生じたものは、どれも無です。ということは、恐れから生じたものが、原因と結果に影響を及ぼすことはないということです。過去を振り返り、苦しみや悪行によって大きな影響を及ぼしたと思うことがあるかもしれませんが、そんなことは一度もありませんでした。苦悩や苦痛ののちに愛を受け取った場合、その苦悩や苦痛からレッスンを学んだと考えるかもしれません。でもこれは、以前に極端なことについて話したこととは違います。

19.9 幻想で無駄にする「時間」はもうありません。真実の思考体系は、苦しむことに何の価値も見出さないので、苦悩を見ません。真実の思考体系は、数々の目標や欲求で分裂するような思考体系ではなく、融合した思考体系です。一つの思考と一つの目標のみを持つ思考体系です。その思考体系は、身体による経験が始まったときの最初の思考を目指しています。つまり、真の自己を目に見える形で表現するための思考です。

19.10 身体のせいにするのをやめましょう。人としての経験を求める衝動の源として、身体を見るのをやめましょう。そのような衝動の本当の源は、誤った信念にあることが判明しています。身体は、単にその誤った信念に応じているだけです。新しい思考体系に対する身体の応じ方はさまざまですが、たとえどう応じたとしても、あなたが、価値あるものを失ったと感じることはないでしょう。

19.11 他者が古い思考体系に縛られている間、人の行動はなお、有害なものを反映していくでしょう。それらは、身体的な衝動から生じているように見えます。これからは、新しい方法で身体を使って本当の自分を象徴していきますが、過去の行動は、かつて自分が信じていた自分の象徴だったと気づくでしょう。そんな有害な方法で自分を表現し続けると、自分に対する誤った信念が深く刻まれていきます。そういう人は本当の自分を表現しません。したがって彼らの表現は無意味で、真実に何の影響も及ぼしません。幻想の中でのみ、影響を及ぼします。真に生きるとは、幻想の中で生きる人々の無意味な行動に対し、恐れを持たずに生きることです。真実の家では、彼らは影響を及ぼすことはできないからです。

19.12 あなたの思考体系に非難する思いがあるうちは、こうしたレッスンから教わることはありません。暴力を受けたのは、暴力を受けた人のせいではありません。病気になったのは、病気になった人のせいではありません。あなたは、あるがままに見て、あるがままの現実をとらえられるはずです。ここでは、新しい信念や考えが新しい現実に導くと述べています。それと同様に、古い信念や考えが古い現実に導いていました。あなたの現実がすっかり変わったとしても、ある人にとっては、その古い現実のままなのです。

19.13 この両者の現実の違いのせいで、以前と比べ、慈悲深い宇宙からかけ離れた世界になったように感じるかもしれません。両者の現実の違いは、目に見える形で表されるまでは見えません。あなたはこれから、それを目に見える形で表していきます。

19.14 あなたは、両者の現実の格差が対立を生んでいると考えるでしょう。また、この格差は、幻想の中で生きる者にとって極めて不快で、激しい怒りを生むものだと思うでしょう。しかし新しい現実にいる人の方が、その格差についてより不快に思い、対立と激しい怒りに駆られます。幻想の家から新しいものを観察する場合、多くの人が、目にするものを否定します。考えてみてください。今まであなたは何度、聖人や奇跡があなた自身の本質を意味するということを信じぬまま、聖人や奇跡に関する話を聞いてきたでしょうか。だからこそ、もう無駄に費やせる時間はなく、大勢の人たちが、心打たれるもっとも効果的な方法で呼びかけられています。それでも、目に見えるものが否定できないほど確実になってからしか、大規模な変化は見られないでしょう。

19.15 あなたは幻想の家に戻り、そこの住人たちを集め、自分と一緒に真実の現実に行こうと彼らに言いたくなるでしょう。けれども、類を見ないこのキリストの新しい時代にそうすることは不可能です。初めから述べてきたことですが、あなたの役割は、教えを説いたり人々を説得したりすることではありません。幻想という法廷では、真実の弁護はできません。

19.16 これを聞いて希望をなくす人がいるかもしれませんが、誰もが選択肢を持っています。しかも唯一、明快な選択です。つまり、真実と幻想のどちらに住んでいたいかという選択です。真実へたどる道はさまざまですが、わずかな人しか抵抗できないほど、その道は魅力的なものになるでしょう。その選択を魅力的に見せているものとは、災難に遭いながらも神の栄光について耳を傾ける人たちに教えを説く、殉教者や清廉な魂などではありません。それは、素晴らしい人生、奇跡の人生、目に見える人生を送る普通の人々です。

第二十章　苦しむことと観察すること

20.1 一切、幻想で時間を無駄にしないということは、自分を時間に捧げることをやめ、自分のために時間を役立てようという意味です。時間は幻想によって無駄にされるので、時間はあなたの所有者のようになり、あなたは時間の奴隷になりました。これからは、有効性を考慮した新たな考え方で時間をとらえなければなりません。幻想の土台には誤った原因があるため、幻想の結果は真に存在しません。あらゆる考えや行動には結果が伴います。今あなたの目の前には、自らの考えや行動から最大の結果をもたらすための選択肢があります。

20.2 幻想の中で「より多い」「より少ない」という考え方は意味をなしません。真実においても、そのような程度の差があるという考えは馴染みのないものです。とはいっても、真実を「学ぶ」ことに関するのであれば、それらの考え方にも意味があります。時間は真実を学ぶためだけにあり、時間は真実を学ぶまでの長さに過ぎないので、時間の中では遅かれ早かれ学びが生じます。その学びとは、あなたがすでに知っていたはずの真実を再び知るというものに他なりませんが、その記憶の蘇りには度合いの差があります。わたしたちは、その記憶が蘇ることを目指して取り組んでいるので、その効果を上げるために時間を使えば、時間はあなたの味方になります。

20.3 繰り返しますが、他者のためになろうと考えたり、他者に影響を及ぼそうと考えたりする方向へ行かないようにしてください。融合した状態では、他者は皆あなたと一つなので、あなたはあなた自身の学びのために効果的な努力をします。これからは、真実を学ぶというよりも真実に従った生き方を学ぶことで、あなたは恩恵を得られるでしょう。あなたがそうすれば、あらゆる人にも恩恵がもたらされます。

20.4 あなたは解説Ⅰで、学びの道具として奇跡を求めなさいと指示されましたが、この学びの道具には二つの特徴がありました。一つは、奇跡に対してあなたが抱く恐れを明らかにし、そこから学ぶことでした。二つ目は、本当の自分を納得して受け入れる上で、奇跡がもっとも有効な方法であることをあなたに確信してもらうことでした。

20.5 ここで、観察する行為と奇跡を結びつけましょう。わかりやすいように、観察したものをエゴの思考体系を使って見てみましょう。すると、新しい思考体系の完璧さに気づく前に、古い思考体系の誤りに気づくでしょう。

20.6 他者の病気や苦悩を見たときの状況を思い浮かべてみてください。そのような状況で一番よく見られる行為は同情です。涙を流し、病気の辛さや苦しみを理解していると伝えたくなるかもしれません。そして、どのようにそれらと「闘う」のかという話をしがちになります。なぜそうなってしまったのかと問われることもあるでしょう。その不平等さを聞いて持論を述べたりもするでしょう。このように、見たものから判断が遠ざかることはありません。苦悩は「悪」以外の何物でもないと考え、苦しむ者を「気の毒」に思わずにはいられないでしょう。こうした状況を「悪」ととらえる感情があるにも関わらず、あなたはいつも励ましの言葉をかけます。特にその病気や苦しみが周りと比べて酷く見えるとき、そう見えるのは自分の判断だと知りつつも、根拠がないまま励まします。そして励ましながら、「誤った」希望を与えているのではないかと心配します。そのように、自分はどのくらい現実的でいるべきか、相手をどのくらい現実的と見なせばよいのかを考えます。あなたは先のことに思いを巡らせ、マインドの目を使って未来を見ます。現在が繰り返された結果として、未来をとらえ、わずかな勝算の長き闘いの末にあるものとして、未来を見据えます。あなたは事実を否定しないよう自分を叱咤します。そしてあなたが観察する相手とともに、あなたは死の扉に向けて長い道のりを歩み始めます。こうしたあらゆる行為が、あなたがその状況で「見ているもの」とも言えます。

20.7 あなたはまだ、これらのすべてが関係性の中で起きているとはわかっていないようです。関係性には意味があること、関係性には結果を引き起こす力があることに、あなたが気づいているようには見えません。あなたは、病人がいる状況で悪く思わずにいることなど想像できません。同情の意を示さずにいることも想像できません。あなたは、前向きな結果を信じることは甘い考えだと思っています。過去の似た状況に関する統計に耳を傾け、その統計が伝えていると思うものを信じます。そして希望を与えてくれそうな科学や、苦痛を和らげる薬があることを神に感謝します。あなたは、その人がすでに定められた運命から救われるよう神に祈るかもしれません。その方が、真実の法則に従って生きるより現実的で助けになるとさえ思っています。

20.8 初めは、そのような状況に新しいやり方で応じることがとても難しく感じるでしょう。けれども幻想の家にある状況は、どれも同じ応答を求めています。愛に向けた愛の応答です。あなたはなぜ苦しみを信じることが愛ある行為だと思うのでしょう。そうすることで苦しみを強化していることがわかりませんか。何をもって苦しい「事実」と呼んでいるのでしょうか。そうする代わりに、新しい見方をすることに何の害があるのか自問してみませんか。

20.9 だからといって、思いやりに反した行動を取る必要はありません。新しい信念を言葉にする必要さえありません。ただ、どんな状況でも、思いやりや新しい信念を捨てるべき状況などというものはないことを伝えています。

20.10 新しい思考体系は、「もしAならBだ」という信念で縛られていません。あなたの周りの例を見てみましょう。あなたが健康と見なす人々は、あなたが不健康と見なす人々と同様に病気や事故で亡くなります。善人もまた悪人同様、災難を被ります。わたしは、可視化するエクササイズや前向きな思考を実践するために、別の善良な生き方や精神的健康へとあなたを誘っているのではありません。ただ真実に従って生き、決して真実を否定しないよう呼びかけています。真実を諦める原因として状況を見ないでください。真実に従って生きる方法をあなたが知るために役立つ手段を、わたしが提供します。しかし、手段が目的ではありません。そんなふうに混乱してはいけません。あなたが観察するのは常に原因であり続けるためであり、結果にそれるためではありません。

20.11 奇跡も目的ではありません。奇跡はただ真実に従って生きる手段に過ぎません。奇跡は、ある状況で特定の結果を生むために求められるものではありません。真実が従って生きるためのものであるように、奇跡も従って生きるためのものです。あなたは結果を求めているわけではないからです。真実こそ本当の自分であり、それ以外の自分では、生きることも存在することも考えることもできないと知るからです。このように、徹底して学んでいかなければなりません。この学びは、幻想の事情に合わせて変えてはいけないものです。真実の事情に合わせて不変でなければなりません。

20.12 あなたはもはや、幻想の家に戻ることはできません。そこで爆発を起こすためであっても、戻ることはできません。あなたは幻想の家の外に出ました。そして、幻想の家には戻らないよう呼びかけられています。真実や神や愛に背を向けないでください。

20.13 あなたの愛する人々は、まだ苦しむのでしょうか。あなたの助けがなければ、大勢の人たちが苦しむかもしれません。あなたの助けがあれば、より多くの人たちが苦しみの終焉を見られるでしょうか。大勢がそれを見られるでしょう。しかしわたしたちは、苦しみが終わることを目指して取り組んでいるのでしょうか。違います。それは、あなたが目指すことではありません。この取り組みは、努力するためのものではありません。これは観察するためのものです。つまり、愛の法則を見るためのものです。あなたが観察するのは常に原因であり続けるためであり、結果にそれれるためではありません。これが、原因と結果は真に同じと思っている人の生き方です。

20.14 わたしは、世界の救世主となって世界の苦悩を終わらせたいというあなたの強い思いに感謝します。あなたの思いやりと世界の役に立ちたいという思いに感謝します。けれども、わたしは平和の中からあなたに呼びかけ、わたしと一緒に平和にとどまるようお願いしています。世界の苦しみに呼びかけられないようにしましょう。世界のあれこれが平和にとどまるあなたを呼び戻そうとするとき、神の平和の内側でしか、あなたの完全な心もわたしたちの融合も実現しないことを思い出さなければなりません。

20.15 親愛なるキリストの兄弟姉妹たちよ、古い方法に引き戻されないようにしましょう。古い方法は上手くいきません！　幻想の家の住人を助けることは、永続するものに永続するものを与えるようわたしが呼びかけているというのに、一時的なものに一時的なものを与えるようなものです。意志を見出せれば、新しい方法はいつでも上手くいきます。あなたは、幻想の中でそこにいる人たちとつながっても、幻想に住む意志を捨てるよう彼らに呼びかけることはできません！　幻想を脇に置く意志と、融合へ回帰する旅を始める意志を持つよう呼びかけることしかできません。あなたがすでに融合しているなら、あなたは融合からしか彼らに呼びかけることはできません。

20.16 こうした呼びかけは、愛に向けて愛から発せられます。他者は、あなたの口から出る言葉そのものに耳を傾けるわけではありません。彼らは、あなたのマインドの言語に応じるわけでもありません。彼らに聞こえるのは、あなたのハートにある愛です。兄弟姉妹はそれを聞くと、あなたに手を差し出します。そこであなたが彼らに求めるべきものは、ほんの少しの意志だけです。あなたがすべきことはただ一つ、愛が入れるように扉を開けてあげることです。

20.17 こうしてわたしたちは、愛によって愛を見ることへと戻ります。愛があなたに見せないものを見ないでください。幻想の暗いやり方をやめ、皆に見えるように真実の光を照らしましょう。本当の自分で居続けましょう。どんなときでも愛の法則に従って生きましょう。いかなる状況でも愛をもたらしましょう。愛を見ない人や意志を持たない人たちがいるからといって、気を落としたり、やる気をなくしたりしないでください。彼らはただ、あなたが愛をもたらすべき相手ではなかっただけで、永遠に真の自己を失ったままでいるわけではないのだと信じてください。

20.18 あなたはこの新しい世界の開拓者として存在し、その存在だけで他者を惹きつけます。彼らは皆、新しい世界の入場料は、古いものから去る意志だったと気づきます。その入場料こそ、彼らが惜しみなく差し出さなくてはならないものです。それは彼らから奪い取れるものではありません。あなたが選んだ特別な人からでさえも、それを奪い取ることはできません。それは誰からも奪い取れないものです。こうして、あなたは重荷から解放されます。その重荷は、たとえあなたが選んだものであったとしても、決してあなたの肩にのしかかることを意図されてはいませんでした。あなたの課題は人々を新しい世界に誘うことではなく、新しい世界を創造し、それを目に見えるものにすることです。

20.19 苦悩や病気の状況は、あなたが遭遇するどんな状況とも変わりません。それらは皆、同じです。あなたは真実か幻想のどちらかに遭遇します。それ以外のものは、そこにはありません。どんな状況でも、たった一つの呼びかけしかありません。愛に向けて愛から発せられる呼びかけです。皆が真に生きるよう、彼らを迎え入れなさいという呼びかけです。

第二十一章　真の自己というアイデンティティ

21.1 真実は、事実の集合体ではありません。記された真実は、真実ではなく、真実を言語化したものに過ぎません。あなたは、あなたの誕生について真実を記した出生証明書を持っています。出生証明書が真実なのではなく、それは真実を象徴するものに過ぎません。

21.2 真実は象徴ではありません。真実は真実で、誰にとっても同じです。

21.3 真実には裏も表もありません。真実は一つです。一つの真実があるだけです。

21.4 真実は概念ではありません。真実は実在します。真実だけが実在します。

21.5 真の自己は本当に存在します。真の自己は幻想の中にはいません。

21.6 個の自分は幻想の中にいます。それは個人に付随するので、個の自分と呼ばれています。人は時間の中に生まれ落ちます。人の存在は時間の中で始まり、時間の中で終わります。

21.7 個の自分と真の自己が一緒に生きる唯一の手段は、時間の中に真実を宿らせることです。真実を時間の中に宿らせるためには、不安を忘れ、真実を確信しなければなりません。

21.8 この確信は、あなたの対極にあるものです。あなたは、ある真実を信じることは別の真実を否定することだと思っています。真実は一つしかありません。真実でないものを今、否定しなければなりません。

21.9 これはあなたにとって、受け入れ難く聞こえるでしょう。けれども真実でないものを否定することこそ、幻想を容認しない姿勢と言えます。幻想はもはや存在しないので、幻想を見てはなりません！　これが幻想とともに生きる方法です。かつて真実とともに生きたように、幻想とともに生きなくてはなりません。幻想は見えないものだと気づかなくてはなりません！　幻想をただの概念にしなければなりません。幻想は事実の集まりで、情報の集合体とも言えます。そのような事実は、常に変更にさらされ、ある人にとってはある意味でも、別の人にとっては別の意味になります。幻想は象徴です。しかも、それはありのままを象徴しないので、幻想が象徴しているものは「無」です！

21.10 これが、あなたには理解困難です。あるがままに知る経験を一度も知らない人は、確信を持てたことがありません。あなたは、このコースで伝えてきた誤ったアイデンティティを確信する以外に、確信を持った経験がありません。誤ったアイデンティティ以外のものを確信したことがないとは、危機的なことです。誤ったアイデンティティとは、あなたが個の自分ととらえてきたものです。あなたは、個の自分という立場でしか経験できません。だからこそ、個の自分を新しい目的のために使っていきます。

21.11 たとえエゴの経験であったとしても、その経験には、そのときのあなたが持ち得る最大限の確信が伴っています。あなたは、アイデンティティなしでは存在できないからです。これを聞いて、確信とは事実や情報のことだと思うかもしれません。あなた方の中には、自分に関する事実や情報に疑問を抱いている人が、わずかながらいるからです。何らかの理由で自分の出生に疑問を持つ人は大抵、自分が知らされていない事情を知りたいという思いに駆られます。あなたは、自分の出生、名前、家系、かつ人生経験から、個の自分という確実な感覚を得るからです。あなたは自分を、男か女か、既婚者か未婚者か、同性愛者か異性愛者かというふうに認識します。あるいは中国人、レバノン人、アメリカ人、黒人、白人、先住民などと名乗ることもあるでしょう。

個の自分は、あなたが自分を名乗るときに用いるこれらのものに深く影響を受けている場合もあれば、最小限の影響しか受けていない場合もあります。

21.12 マインドの思考があなたに個の自分を確信させるとはあまり考えられていません。それでも名前や生まれ育った家庭の他に、あるいはそれ以上にアイデンティティを支えるものとして、マインドの思考が存在します。マインドの思考は必ず変わります。でもあなたは、あるわずかなことに関する思いでも、それは紛れもなく自分の考えだと主張します。どんなに物質主義者であったとしても、自分が入手した形あるモノを、自分のアイデンティティの一部として挙げる人は滅多にいません。けれども形なきものを入手したとき、あなたはそれを、これまで維持してきた確固たるものの中に加えてきました。例えば取得した学位や磨いた才能は、アイデンティティの一部として、また自分の一部として考えられています。

21.13 信念も同じです。多くの人は、宗教上や職業上のアイデンティティ、政治や哲学上のアイデンティティを持っています。例えばキリスト教信者、医者、民主党支持者などと名乗ることがあるでしょう。死刑反対、平等の権利、環境保護を支持するなど、強い信念を持つ人もいるでしょう。あなたは気づいていると思いますが、こうした信念は常に変わる可能性があります。そして、その信念体系に当てはまる行動枠にあなたをとどめます。あなたは、こうしたものが自分の一部となり、個の自分を完全なものにしてくれていると思っています。

21.14 次の三つが、個の自分を形成する要素と考えられています。過去に関すること、セルフイメージに関すること、信念に関することです。

21.15 過去に関することは、生まれ育った家庭、家系、誕生後の人生に基づいています。セルフイメージは、人種、民族性、文化、身体の大きさや体形、性別、性的嗜好などに基づいています。信念に関することは、自分が住む世界に対する考えや、その世界で自分がどんな人間でいようとしているのかということに結びついています。

このような相互に関連する事柄についてあなたが考慮していようがいまいが、それらは確かに存在します。あなたの持つ世界観と自分に対するあなたの見方は密接に結びついています。言い換えれば、あなたが生まれた世界は、あらゆる人が生まれた世界と同じであるにも関わらず、彼らの世界はあなたの世界とは違っているということです。その上、あなたが世界で経験することは、他のあらゆる人が経験することとも違っているということです。

21.16 こうしたすべてが一因となり、自分は分離した存在というあなたの考えが形成され、あなたは兄弟姉妹について真に理解できず、彼ら自身に対する彼らの見方や世界観は、あなたのものとは違わざるを得ないのです。そしてあなたの考えと同様に、彼らの考えもまた、確実に他者のものとは異なり分離しています。

21.17 しかしあなたは今、個の自分という形を持ったまま真のアイデンティティを受け入れるよう呼びかけられています。でも、それは不可能に感じられます。あなたの真のアイデンティティは、融合に属す真の自己のアイデンティティであり、個の自分のアイデンティティは、分離した自己のアイデンティティだからです。あなたの信念体系が変わり、自分が融合して生きていると信じていたとしても、上記で挙げたすべてを新しい光の中で見ない限り、すべては新しい信念に挑む行為になってしまいます。たとえ何を信じていても、他者と異なる身体を持ち、自他を名前で区別したり結びつけたり、国籍で分けたり性別で区別したりしているうちは、融合は一つの信念のようなものにしか見えないでしょう。

21.18 したがって個の自分に関するいくつかは、自分という形の要素としてだけ受け入れ、それらを自分のアイデンティティの要素として受け入れないようにしなくてはなりません。そのように信じて個の自分の観察したとき、少しの間、自分という存在が二元的な存在に感じられます。解説Ⅲの初めで述べたように、解説Ⅲの学びが完了する頃には、個の自分は、他者に見せる存在としてのみあり続けるでしょう。つまり、個の自分は象徴するだけの存在になります。真実だけを象徴する存在です。個の自分をアイデンティティとしてではなく、アイデンティティを象徴するものとして見なします。その場合のアイデンティティは、分離したマインドの思考や身体の状態とは関係のないものです。

21.19 わたしは、あなたが自分のアイデンティティについて感じている確信を、人の形をしたまま本当の自分として存在させてくれる、奇跡という新しい目的のために「使う」ことができると述べました。あなたには、それが矛盾しているように聞こえるかもしれません。そして当然のように、あなたはこう問うかもしれません。これまでと同じ自己認識を持たずにいられるだろうか。新しい目的のために、この確信しているアイデンティティだけを使えるだろうかと。

21.20 その答えにもまた、矛盾を感じるでしょう。というのもその答えは、かつてのアイデンティティはどうでもよいものだ、というものだからです。たとえそれが新しい目的に役立つ場合でも、あなたはそう思うのです。この一見矛盾した答えには、二つの要素が含まれています。一つは、個の自分というアイデンティティに対する「確信」は、それが真実の思考体系に書き換わって、あなたが真のアイデンティティを確信するときに役立つという点です。もう一つは、一見、あなたが他の人たちと違っていたとしても、あなたのことを自分と似ていると思う人たちがいる、そしてそんな彼らは、あなたとあなたがこれから象徴する真実に惹かれるという点です。

21.21 キリストの時代と呼ばれてきましたが、イエス・キリストの時代でないことは明らかです。わたしの時代は訪れ、終わりました。一人の赤ちゃんが聖母マリアのもとに生まれ、世界を変えた時代は過ぎ去りました。世界はただ大きくなり、あなた方の個のアイデンティティは、歴史よりも、東西を隔てる海よりも、はるかに大きく分裂しています。だからこそ、真の自己に戻る呼びかけが遠くまで鳴り響き、あなたのような謙虚で普通の人々のもとへと送られています。この呼びかけは排他的なものではありません。どの人種も宗教も排除しません。どちらかの性別を排除したり、同性愛者と異性愛者のどちらかを排除したりすることもありません。これはただ、全員を愛へと誘い、真実の豊かさの中で生きるための呼びかけです。

21.22 言い換えると、真実を探求する人にとって、頼れる聖職者や教祖的存在はいなくても問題ありません。黒人が白人を頼りの対象として見なくても、イスラム教徒がキリスト教徒に救いを求めなくても問題ありません。若者が同じ年齢の人を頼りにするか、年上の人を頼りにするかも関係ありません。大切なのは、誰かがあなたを見たとき、その人があなたをその人自身と何ら変わらない存在だと思うことです。誰かがあなたを見たとき、あなたの反映するその人自身の真実へとその人が惹きつけられることです。わたしが述べているのは、あなた方の間にある相違は、もはやそれが見えなくなるまでわたしたちの目的のために役立つということです。そしてあなたは、自分が役立つべき相手のために個の自分が役立つことを知り、個の自分に自信を持っていられるということです。あなたが自分の失敗や弱さと思ってきたものは、あなたの成功や強さと同様に価値あるものです。あなた方を分離させたものが、あなた方を一つにします。

21.23 これは、人種や宗教といった一見相違しているものの間にある障壁を超越した融合というものに、誰も気づかないとか、気づくべきではないとか、そういうことを言っているのではありません。そういうことは問題ではないと言っています。真実を見つけるために、自分と「似た」人物を頼るのか、「似ていない」人物を頼るのかは問題ではありません。何度も述べたように、意志はスタート地点に過ぎません。あなたがよく理解しているように、ある人が意志を持っても、別の人は持っていないかもしれません。

21.24 あなたに対する呼びかけに従うことができる「他者」はいません。あなたがすべき応答をできる人はいません。あなたは、あなたにしかなれない救世主になろうとしています。ですから、自分よりこのコースを学んでいる人に自分の力を預けてしまうという、誤った計画を立てないようにしてください。自分よりも目立ち、雄弁に語る人や、聖人のような人生を送り、よき手本となる人が、皆が従うべき道を先導する人だとは思わないでください。特別な人が一人、必要だという考えに屈しないでください。あなたが自分のために主張しない役割を、誰かに渡したりしないでください。指導者は要りません。指導者を熱心に追う人々も要りません。そのような考え方は明らかに古いです。教えを説くよう呼びかけられている人は一人もいません。あらゆるものが平等に真実を象徴し、真実を見つめるよう呼びかけられています。あなた方一人ひとりがそれぞれに合った方法でそうすることについて、これから話し、見ていかなければなりません。これは、個の自分と真の自己の関係性に関連するからです。真の自己とは真実であり、真実の象徴であり、真実を見つめる自己のことです。

第二十二章　目に見える形ある真の自己

22.1 第二部の目的は、学んだことを用いて何をするべきかという問いに答えることです。おそらく、あなた方のマインドとハートには、まだこの問いが一番の疑問として残っているでしょう。あなたは、真実に従って生きることについて自分なりの考えを生み出しているかもしれません。しかしそのような考えは、今送っている人生とはあまり関係がないように思えるかもしれません。教えを説いたり、指導的役割を担ったりするために呼びかけられているのではないと知り、嬉しく思う人もいるかもしれません。けれどもあなたは、自分が何かに向けて呼びかけられていると知りながら、それが何なのかまだわからずにいます。シンプルに真実に従って「生きる」よう求められても、それでは十分でないと考えています。人生は変化せざるを得ないので、真実に従って生きると、どんな方向へ導かれるのか知りたいとも思っています。あなたにとって、内側にあるものが外側に影響を及ぼすというこのコースの教えは、今までの分離した私的な人生を送ることがもはや不可能であることを証明しているように感じられます。

22.2 真の自己を象徴するだけでなく、このコースを世界に示すよう呼びかけられた人たちも確かにいます。そうでなければ、あなたはこのコースを学んでいないでしょう。彼らがいなければ、このコースは世に出ず、あなた方に知られることもなかったでしょう。わたしは、指導者になるよう呼びかけられている人はいないと言いました。確かにその通りです。わたしは、指導者に支持者を集めるよう呼びかけているのではありません。とはいっても、日常生活や職場でこのコースの教えを示す使命感のある人を、思いとどまらせるわけではありません。使命感を持つ人は確かに必要です。あなた方は皆、学んだことを分かち合う方法として、このコースを分かち合うことが一番楽な方法だと感じるでしょう。そしてほぼ確実に、このコースを分かち合いたいと強く願い、そうできるときは、いつでも喜びを感じるでしょう。けれども、あなた方の中にはこのコースを、自分を真実に導いた唯一の教えとして伝える人もいるでしょう。

22.3 あなたは、真実を表す美しい象徴です。あなたはそれ以外にはなれません。あなたは、その美をあらゆる層の人々に届けます。あなたが今行っている活動やずっと夢見ていた活動にも、その美をもたらすでしょう。あなたがどこへ向かい何をしたとしても、真実はあなたとともに歩みます。そうであるために、制服や肩書きや特別な役割は必要ありません。

22.4 個の自分は、真の自分の真実を象徴するよう常に運命づけられていました。ですから、本当のあなたの種子は、あなたの内側に植えられています。あなたはずっとそこにいました。けれどもそこは、本当の自分を受け入れることと、なりたい自分になることとの狭間で、常に創造的な緊張状態でした。もしあなたがあなた自身の新たな現実に次の二つの学びを取り入れることができなければ、その緊張は続くでしょう。一つ目は、何度も繰り返していることですが、自分の教師であることをやめることです。二つ目は、あらゆる比較をやめることです。

22.5 自分の教師であることをやめなさいという指示は、『奇跡のコース』で生まれ、今に至っています。この指示に伴う概念に、計画は立てるのではなく受け取るものという考えがあります。あなたは、自分が特別な役割を求められていると考えたり、自分にはやるべき何かがあり、それを知る必要があると考えたりします。そうした考えは、あなたのマインドを支配していた計画パターンの働きによるものです。計画する代わりに受け取る意志を持つことが、そのパターンを壊すことになります。

22.6 受け取るとは、活動しない状態にあることではありません。あなた方の多くは、受け取ることに慣れていないでしょう。あなたは、受け取る姿勢でいるために「取り組む」ことはできませんし、わたしは、計画パターンを壊すために「取り組む」よう求めはしません。それでも、あなたに計画パターンを手放し、計画する代わりに観察してもらいたいと思っています。

22.7 観察するとは、常に受け取る状態でいることです。それは受け取る行為に限らず、与えることと受け取ることが同一の状態を指しています。これまで観察について話し教えてきたように、あなたは観察することによって見ているものとつながります。すると、適切な応じ方がわかるようになります。あなたは適切に応じるとき、自分のすべきことを知ります。

22.8 計画は、見るべく与えられたものに応じるあなたの邪魔をします。目を閉じて行う観察では、あるがままに見ることができます。これは解説Ⅳで述べる未来の創造パターンと関連します。

22.9 あなたは今、次の新しいレベルに行きたくて仕方なくなっています。何か新しいことに携われる段階、かつ今まで内側で募らせてきた興奮のはけ口を得られる段階へと進みたがっています。そんなあなたは、個の自分の関心事に終わりを告げる準備ができています。この話題が終わろうとしている今、あなたの注意もまた、この話から離れ始めています。

22.10 あなたが個の自分を去り、個の自分の関心事から離れる準備ができたと気づくためにも、この話題を終えなくてはなりません。あなたは、これまでの経験や物事のあり方にうんざりする必要があったのです。個人的な物事への興味を失わなければならなかったのです。今、新しい真の自己を見つめるレッスンを通し、解説Ⅲを終えようとしています。そんな今だからこそ、わたしは、あなたが個の自分を去る準備に注意を向けるよう求めています。

22.11 あらゆる比較をやめる力は、新しい真の自己を見つめることから生じます。常にあった真実を見ずに、新しい真の自己を観察することはできないからです。常にあった真実とは、わたしたちのワンネスです。あなたが新しい真の自己について発見することは、これからあなたがあらゆる人の中にも見出していくことです。わたしたちは一体となり、一つの真の自己になります。すると、比較は不可能になります。あなたは気づくでしょう。真実を象徴する方法に相違があっても、真実そのものには相違がないことを。

22.12 先ほど述べた創造的な緊張について、もう一度話します。創造的緊張は、現状の受容と未来への願望の間に生まれます。「創造的」と「緊張」という言葉をつなげたのは、あなたが生きてきた二元的世界に起因します。あなたが生きてきた世界では、今あるものと、これから存在するものとの間に時差があります。あなたはこれを読み、創造的緊張は必ずしも手放していいものとは限らないと思うかもしれません。あなたは、この緊張を持たずに過去を去って未来へ向かう方法を知りません。あなたは、いまだにありのままの現在を信じていません。

22.13 自分と自分の願望を見つめることが、今ここで行うことです。そうすることで、今あるものがあなたにとって存在するものになります。あなたは、一見ここにないものは、本当に存在していないと思います。そして今ないものを、今あるものとは別のカテゴリーにくくります。そのカテゴリーは、現在と未来が分離した幻想の二元的世界にだけあります。真実が統治する新しい世界には、現在と未来が分離した幻想の世界は存在しないため、緊張を引き起こすものは存在しません。

22.14 自分が求めるものを見つめることは、先ほど述べた、目を閉じたまま観察する行為のことです。それは祈りにつながり、ゆえに奇跡へとつながります。その奇跡が二元性の扉を閉じます。そして、努力と時間によって導かれる未来から現在を切り離し、望む結果を努力で生み出す世界を封印します。自分の願望を見つめるとは、今を見つめることです。あなたの願いは神のものだからです。今のあなたの願いはこのコースの最初の頃とは違い、神の意志でもあるからです。あなたが今胸に抱く願いは、神の意志です。それがあなたの本当の願いだからです。本当の願いとは、あなたの意志と神の意志が合わさり一つになったものです。

22.15 ですから創造的に観察すれば、何も失わずに創造的緊張を解くことができます。創造的緊張は、時間の二元性からだけではなく不信感からも生じています。その緊張は願望と達成の狭間にあり、ずっとあなたにこう告げてきました。あなたの願いは叶うかもしれないし、叶わないかもしれないと。そんなどちらに転ぶかわからないゲームは、古い思考体系のパターンだと気づいてください。古い思考パターンは、確信と入れ替わらなければならないと気づいてください。どちらに転ぶかわからないゲームを今まで楽しんできたのなら、これからは、本当のゲームを楽しんでください。今までの態度を新しい思考体系や新しい人生へと持ち込まないでください。古いものにうんざりしているのなら、それらと決別する意志を持ってください。

22.16 古いものと観察することへの苛立ちについて述べて締めくくりましょう。これは、個の自分を見つめる最後の観察です。個の自分を作ってきたのはあなたなので、あなただけが個の自分を創造のヴィジョンで見つめ直し、あらためて個の自分を創造し直すことができます。あなたは、新しいものに役立つあらゆるものを創造のヴィジョンの内側で見ます。そうして、新しいものに役立つものだけを見ていくようになります。

22.17 最後の行いである愛と献身を通し、個の自分を見つめてみてください。すると、個の自分から真実を表す象徴に生まれ変わります。わたしたちの言う、目を閉じて行う観察こそが、個の自分を超え、本当の意味で真の自己を見つめることなのだと気づいてください。見つめる行為を呼び起こすことは、真の自己の持つ視野を呼び起こすことです。真の自己の視野を呼び起こすとは、真の自己を見える形にするということです。それは古いものが終わり、新しいものが始まることを意味します。

22.18 新しいものがあなたを包み込むので、その新しいものを受け入れてください。新しいものとは、常にあった真実です。真実だけを求める思いに駆られ、真実へと向かい、真実に従って生きてください。新しいものを創造するという最後のレッスンへの熱意として、その駆られる思いを持ち続けてください。

解説Ⅳ　新しいもの

第一章　あらゆる人が選ばれる

1.1　解説Ⅳが意図しないことを話しておきましょう。解説Ⅳは、未来を予測するためのものではありません。解決Ⅳは、誰のことも除外しません。恐れに訴えたり、恐れる原因を告げたり、道具を広めたりするものでもありません。成果を上げるための道具を持つ人もいれば、持たない人もいることを告げるものでもありません。これは、あらゆるものが包括された内側から見えるものを伝えるためのものです。そこで見えるものにも、あらゆるものが含まれています。

1.2　けれども、解決Ⅳは結論的なので、真実を幻想から引き離すそのやり方に不快感を覚える人がいるかもしれません。ここでは、解説Ⅰ～Ⅲと同じく、あなたの古い概念や信念に挑みます。結論である確信へとあなたを到達させるためだけに挑んでいきます。あなたはその確信を源にして生きることができます。

1.3　その際、取り残される人がいるように思えるかもしれません。大勢の人が挑戦してなし遂げられなかったことを、あなたならできると言われているように感じられるかもしれません。こうした考えは大勢に不快感を与えます。あなた方はいまだに自分の価値を信じることが難しいからです。特に、自分が選ばれていると信じることが難しいのです。今、選ばれていない人がいるとか、昔、選ばれなかった人が大勢いたなどとマインドが結論づけるとき、それは、この「選ばれる」という考えが引き起こしています。

1.4 あなたは、選ぶことができないものを選べるでしょうか。人の所有物を所有することを選択しますか。誰かの夫や妻を奪いますか。選ぶことと奪うことは違います。選ぶとは、関係性を意味します。テストの回答には正解と不正解があるように、答えの中には、質問と無関係ゆえに選ばれるべきでないものがあります。世界中のあらゆる宗教の戒律や信念は、この選択という概念とつながっています。つまり、あなた方全員が生まれ持って授かった、自由意志による選択です。

1.5 質問が投げかけられ、応答が待ち望まれています。あなたには、選ばれる意志がありますか。神に選ばれた者になる意志があるでしょうか。全員が問われています。あなたは何と答えますか。

1.6 「選ばれる」という考えには、排他的な誤った考えが含まれます。したがって、他にもたくさん使える言葉があるというのに、なぜこの「選ばれる」という言葉を使うのかと疑問に思うかもしれません。わたしは歴史的前例からこの言葉を使っています。さまざまな集団が、自分たちこそ神や仏陀やモハメドに選ばれたと信じています。多くの世代が、自分たちこそ選ばれた世代だと信じています。どちらも間違ってはいません。全員が選ばれています。

1.7 簡単な例が参考になるかもしれません。多くの国では、全国民が学校へ行く機会に恵まれています。これは、あらゆる人が学校教育を受けるべく選ばれているとも言えます。あなた方の中には、いわゆる義務というものには他の選択の余地が与えられていないと主張し、学校へ行くよう選ばれていることを、他に選択肢がないかのように受け取る人もいるかもしれません。そのような人は、選ばれることや恵まれた機会に対して強制されている感覚を覚え、それに反発し、いとも簡単に学ばない選択をするかもしれません。けれども人生の本質は学びなので、学校で教わることを学ばないのなら、当然、学校で教わらないことを学ぶことになります。この例を非難せずに考慮できるなら、学校へ行くことも単なる一つの選択肢だと考えられるでしょう。

1.8 現在、多くの学校制度でよく見られることですが、学校で学ばない選択をする人が大勢発生した場合、教育危機と見なされ、教育制度の改善が求められます。これは、学校で教わる内容に社会との関連性がなく、実社会に通じることを教える手段が機能していないことを示唆しているとも言えます。教育制度の改善要請は、教育方法や教育内容を懸念してなされた選択かもしれませんし、恐れから、または愛からなされた選択かもしれません。言い換えれば、選択が欠如している状態ではないということです。選択は常になされています。例えば、受け入れるのか、拒否するのか、「はい」と言うのか、「いいえ」と言うのか、これを学ぶのか、あれを学ぶのか、という具合に。

1.9 けれども、知識に基づく選択とそうでない選択には違いがあるようです。過去の選択を振り返り、「もしあれやこれを知っていたら、別の選択をしていたのに」と嘆く人は多いかもしれません。選択とは、知るための方法です。そうでない選択はありません。どんな選択をしても、自ら選んだレッスンを知らずにいられる人はいません。

1.10 このカリキュラムは必須です。だからこそ、このカリキュラムに反抗した人もいるでしょう。これからもそうする人はいるでしょう。このカリキュラムから学ぶ選択をしなかった人は、学校に行かなかった子供たちと同様、このカリキュラム以外のものから学びます。彼らは、学ぶための別の手段を選んだからです。手段について少し話しましょう。あらゆる手段は、同じ一つの目的を目指しています。そして全員が同じ内容を学びます。彼らは皆、選ばれているからです。どんな手段を取っても、学びはすべて、最終的に彼らを真の自己の真実へと導きます。

1.11 今あなたの目の前にある選択は、あなたがこれから知ることになるものへと通じています。このコースでは、次のように問いかけています。真の自己と神を知るという選択をする意志が今、あなたにはあるでしょうか。

これは、神に選ばれた人になりたいですかという問いと同じです。時間というものを通じて、ずっと問われてきた問いと同じです。自分と神を直接知ることを選ぶ人がいる一方で、間接的に知ることを選ぶ人もいます。二つの選択肢しかありません。真実か幻想か、恐れか愛か、融合か分離か、今か後か、という二者択一です。あなたが理解しなければならないことは、あらゆる選択は真の自己と神の叡智に通じているということです。そうでない選択はないからです。すべての人が選ばれています。選ばれていない人がいることはあり得ません。しかし同時に、最終的には全員が同じ選択をするとしても、時間という枠の中では、あなた自身の選択が大切なものと見なされなければなりません。

1.12 解説Ⅲで述べましたが、幻想の家でさえ、愛と神と真実の抱擁の内側にあります。これが排他的に聞こえますか。抱擁はすべてを包みます。あらゆる人が選ばれています。

1.13 けれども大勢の人たちが本能的に感じるようになり、今、何かが変わってきています。あなたも変化を予感して、胸が高鳴り始めているでしょう。他者がしていないことをできるかもしれないと思ったり、今回はこれまでとは違うかもしれないと感じたりしているかもしれません。一時的にその胸の高鳴りは大きくなっていきますが、人種、人類、過去に忠誠を尽くすなら、その胸の高鳴りは妨げられます。もしあなたが可能かもしれないと信じ始めたことが本当に実現した場合、あなたはかつてこの地を歩んだすべての人たちを、それらを実現できなかった失敗者だと見なすでしょうか。未来の種は、過去の土の中で眠ったままなのでしょうか。何百年、何千年も前、あなたより価値ある無数の魂たちは、その種を発芽させることが可能だったのでしょうか。遠い昔、彼らは地上に天国がある時代へと導かれ、苦悩を終わらせることができたのでしょうか。苦悩を避けられなかった大勢の人たちは、もし地上に天国がある時代だったなら、苦悩を避けられたというのでしょうか。これらのことを想像するとき、あなたの答えはいかに気まぐれに変わるでしょうか。宇宙は何と移ろいやすいのでしょう。神は何と気難しいのでしょう。苦悩や恐れを終わらせることが可能だったなら、そして今でも可能であるならば、なぜまだ終わっていないのでしょうか。なぜそれが解明されていないのでしょう。苦悩や恐れが終わっていないというのに、何をもってそれらの終わりが訪れると信じられるのでしょうか。

1.14 これらの唯一の答えは、人類の進化論の法則にあるように思えるかもしれません。つまり、ゆっくりと学んでいく中で解明するというものです。確かにそれが答えのように感じられます。その答えは、あなたの罪悪感や不安を和らげるものに思えるかもしれません。あるいは自分を信じる恐怖や、この時代にすべてが終わるという終末論の恐怖を鎮めてくれるように思えるかもしれません。この時代には、この時代に生きる人々の持つ能力といった何か違うものがあるはずです。例えば、科学、技術、進化した知能などです。余暇の時間でさえも、進化の機会をもたらしています。これらの代わりとなる唯一の答えとは、今が選ばれた時代であること、そしてあなた方こそ選ばれた人たちであるということです。もし選ばれた時代が二千年前であったなら、人々の人生はもっと違うものになっていたでしょう。イエス・キリストが選ばれた人であったなら、彼の人生が世界を変えていたでしょう。イスラエルの民が選ばれた民族であったなら、彼らに悲惨な出来事が降りかかることはなかったでしょう。だからこそ、選択という考えが再び現れ、あらゆる人たちが選ばれているというこのシンプルなステートメントを混乱で覆い尽くしています。

1.15 解説Ⅳでは、あなたが混乱せずに確信だけを持っていられるよう、その混乱をなくそうとしています。新しい世界を創造するためにはそれが必要です。混乱をなくす唯一の方法は、創造主と創造物の両者として創造を理解し、その過程における自らの役割を理解することです。

1.16 解説Ⅲで述べたように、あらゆる非難の思いがあなたからなくならなければなりません。ですからあなたは、過去を振り返って非難などしないよう求められました。非難の原因になるものは存在しないからです。真実は現在にあるため、過去を振り返る理由はまったくありません。これは、真実はあなたの中にあるという意味です。そのように生きれば、時間は実在しません。真実に従って生きるとき、あなたにとって時間が実在することはありません。そのように生きれば、過去の真実だけが生き続け、過去の幻想はまったく存在しないものになります。

1.17 過ぎ去った時代と現在の違いは、ホーリースピリットの時代とキリストの時代の違いであるとすでに述べました。これはまた、比較して学ぶ時代と観察して学ぶ時代の違いとも言えます。あるいは、比較や間接的コミュニケーションから学ぶことと、観察や直接的コミュニケーションや直接的な体験から学ぶことの違いとも言えます。どんなときも同じ真実が存在していましたが、真実を知る手段の選択が変わりました。あらゆる人が選ばれていました。今もまた、あらゆる人が選ばれています。

1.18 あなたが神を選んだことで、あなたを選んだ神の選択が終わりました。選ばれた人々とは、神から選ばれたゆえに神を選んだ人たちのことです。あなたが神を選び、真実を知る新しい手段、つまりキリスト意識という手段を選んだことで、新しい時代に入りました。

1.19 多くの人が間接的な手段によって真実を知り、知り得たことを間接的な手段で分かち合うようになりました。これが関係性の中で学び、分かち合うということです。手段と目的は同じです。原因と結果も同じです。真実を伝える直接的な手段ではなく、こうした間接的な手段によって、科学や技術は発展し、マインド、ハート、五感が磨かれました。あなた方の祖先は素晴らしい貢献をしました。彼らは、ホーリースピリットとワンネスでつながった意識を選び、それを手段として使い、知り得たすべてを間接的に次世代に伝えました。コミュニケーションという間接的な手段によって、教会は存在しています。そんな手段もまた、あなたのために役立ってきました。

1.20 しかしコミュニケーションという間接的な手段は、さまざまな解釈が生じる可能性を残しました。間接的に受け取られた真実に関するさまざまな解釈は、比較して学ぶというその時代の方法で、多くの宗教と信念を生み出しました。そして、異議を唱え合うことで対立をも生み出しました。ある人が信じた善は、別の人にとっては闘いを挑む悪です。こうした対比の中で学びは起きてきました。そして今なお起こり続けています。あなたは、知覚したものを善悪でとらえることによって真実というものを学んできました。

1.21 確かにあなたは、このような意識状態から学べるすべてを学びました。そして今、新たな方法で学ぶ意志を差し出しています。その新たな方法がここにあります。直接学びたいのなら、直接分かち合わなければなりません。これが、関係性の中で学ぶ新しい方法です。手段と目的は同じです。原因と結果も同じです。

1.22 あなたはこうした変化の訪れを予感し、世界もまた、こうした変化を予感していました。それは、変化を望む切なる思いだったのです。その切なる思いこそ、わたしたちが話してきた愛が存在する証拠であり、あなたが分離の状態ではなく融合の状態にある証拠です。その切なる思いが、ホーリースピリットの時代の制限のある意識状態へとあなたを導き、その制限が、新しいものを求める思いを引き起こしました。そしてあなたは、科学や技術から新しい学びを得た個の自分に対して苛立ちを募らせるようになりました。その苛立ちが原因で、あなたは手段と目的を求めるようになり、最終的には自分の恐れを鎮める準備を整えました。かつてはその恐れが邪魔をして、目に見える直接的な学びができませんでした。でもそれが今、あなたの手の届くところにあります。

1.23 学びが進歩したとはいえ、世界や人々は、先祖がいたときとそれほど変わっていないように見えるかもしれません。けれども確実に変わっています。あなたは、兄弟姉妹の秘めた切なる思いを知りませんでした。そんな彼らの思いが自分の思いと同じであったことも知りませんでした。彼らが、切なる思いを原動力に考えて行動しているところを見たことがあるでしょう。それを見たあなたは、新しい時代の到来について、無邪気な毎日の終わりを意味するのだと誤ってとらえていたかもしれません。以前は善悪がはっきり区別できてよかったのに、その区別がどんどんなくなっていると思う人もいるかもしれません。善悪がより明確だった、そう遠くない過去に戻りたいと思った人もいるでしょう。善悪の境が曖昧になってきているのは、意識の変化が起きている兆候です。

1.24 世界中の人々が、これ以上間接的なものから学ぶことを拒み、経験を通して直接学ぶことを求めてきました。あなた方の中で育まれたものは、あなた方の子供たちの中でも育まれます。彼らは、準備ができているだけでなく、観察と直接的コミュニケーションと直接的な体験から学ぶことを求めています。十分に成長していない人たちの多くは、キリストの時代に生まれました。彼らは、ホーリースピリットの時代とホーリースピリットの意識には合っていませんでした。

1.25 これからも、新しい意識状態に気づくことをためらい、それとなくまた拒絶し、間接的な方法に戻ってしまう期間が短いながらもあるでしょう。新しい意識状態を遮るために、つまらない活動で自分を忙しくし、古い意識状態のまま死を選ぶ人もいるでしょう。真実を直接経験したいとは思わず、いつもの経験にとどまる人もいるでしょう。彼らは、真実を直接経験する前に、何としてもすべてを経験しておきたいと必死になっています。真実を経験すれば、挑戦したかったことができなくなると思っています。それでもあなた方は皆、新しい経験が待ち受けていることを知っています。そして今、自分が選択の分岐点にいることに気づいています。

1.26 キリストの時代に生まれた人々は、真実以下のものでは満たされません。間もなく、真実を心から求めるようになるでしょう。彼らはエゴの自分をはっきりと知覚しますが、それを自分のアイデンティティとして欲することはありません。それでも、別のアイデンティティがもたらされるまでの間だけ、彼らはエゴの自分を受け入れます。

1.27 繰り返します。ホーリースピリットの時代でも、間接的な手段である古い意識状態で神と自分を知り、それを間接的な方法で次世代に伝えた人たちがいました。一方で、わずかではありますが、直接的コミュニケーションができる意識状態に達し、神と自分を直接知り、学んだことを直接的な方法で次世代に伝えた人たちもいます。わたしが述べていることは、新しい意識状態に気づかないままでも、神と自分を知ることはできるということです。つまり、比較と間接的コミュニケーションを用いて、間接的に伝え続けることもできるということです。それはまた、大多数の人が新しい意識状態に気づき、観察と直接的コミュニケーションと直接的な体験によって学んでいくことを意味します。つまり、ホーリースピリットの時代に生まれた最後の世代は人生を全うし、地上に残る全員は間もなくキリストの時代に生まれた人たちとなります。

1.28 これがまさに今、あなたの生きる世界の状態です。

第二章　分かち合われたヴィジョン

2.1　これまでは外側で探し求めてきましたが、これからは内側で探し求めるようになります。内側で発見されたものは外側に向かいます。これが逆転です。極の入れ替わりです。極の入れ替わりは、内側と外側で起こるように、世界規模でも起こります。これは本当に今、起きています。予言ではありません。わたしはキリスト意識なので、これまでもこれからも予言はしません。キリスト意識は、あるがままに認識します。過去や未来に思いを馳せない意識だけが、今ここに確かに存在する融合と穏やかに共存することができます。

2.2　もう一度、繰り返し強調させてください。あなたはかつて、外側で探して知覚したものを内側で見ていました。これからは、内側で発見したものを外側に反映します。内側で何を発見するかというと、外側で知覚していたものは存在していなかったということです。

2.3　わたしはどんなときも、真の自己と神にたどる道である、キリスト意識の生き方の提唱者でした。

2.4　それより以前は、神や真の自己にたどる道、あるいは戻る道というものはありませんでした。そこは荒野をさまよう人々の時代でした。わたしは、真の道を象徴して示す存在としてやってきました。わたしが「真の道」「真実」「光」と呼ばれてきたのはそのためです。わたしは、神と真の自己に向かうためのキリスト意識にたどる道を示すため、かつ仲介の役割を果たすためにやってきました。人と神の間の架け橋と、忘却した自己と記憶を取り戻した自己をつなぐ架け橋が求められていたからです。イエスは、人を神の精神に保つよう、忘却した自己を、記憶を取り戻した自己の精神に保つようホーリースピリットに呼びかけることで、ホーリースピリットの時代を迎える仲介の役割を果たしました。神は、決して地上に生まれ落ちた人々を見捨てはしませんでした。けれども忘却した状態にある人々は、恐れのせいで神を知ることができませんでした。わたしは神の愛を明らかにしました。ホーリースピリットは、神と交信するための間接的で恐怖心を仰がない手段をもたらしました。

2.5 あらゆる創造物と同様、地上の人々は常に神に愛される存在でした。今も昔も、神の愛こそが創造する手段だからです。彼らはあらゆる創造物と同じく、融合と関係性を通して創造されました。融合と関係性を通して行われる創造こそが真の道です。その真の道が満ちる時代に入りました。

2.6 あなたは長い間、作り出すことに専念してきましたが、何かを作り出して再生させる才能を、関係性と融合を生み出して再生させるために使うとき、あなたが作り出したものは、あなたに役立つものとなります。

2.7 ここで前に進む前に、あなたが抱いているかもしれない幻想に戻り、それを一掃しなければなりません。何を一掃するかというと、先祖よりも自分たちの方が優れているという優越感の幻想です。先祖が彼らの本質に気づいていなかったとしても、それは、彼らには本質がなかったという意味ではありません。あなたとともに生きている人々の中に、己の本質に気づいていない人たちがいたとしても、彼らの本質がないという意味ではありません。あなたは、他者以上に完成しているわけではありません。それはこれからも同じです。あなたという存在の真実は、この世の初めから終わりまで、あらゆる兄弟姉妹の真実と同様に完成されています。あなたや周りの人が他の人よりも優れていると告げる文章は、いかなるものでも真実を述べていません。だからこそ、わたしたちは選ばれるところから始め、「あらゆる人が選ばれている」というステートメントに繰り返し戻ります。

2.8 わたしは、このステートメントを何度でも繰り返します。「より多く、よりよく」という考えがある限り、このステートメントを完全に認識することはできないからです。あなたが意識という観点で進化論を語りたいのなら別ですが、これは、以前述べたように進化論の問題ではありません。いかなるときも、真のヴィジョンで相手の目と胸の奥を見抜くとき、そこで見るものは相手の完成された真の自己だということに気づかなければなりません。判断とともに歩んではなりません。先祖よりも優れた自分を生み出した進化論という過程を信じ続けていると、判断しながら歩むことになります。最後の判断が善と悪を引き離すと思い続けていると、判断しながら歩むことになります。

2.9 わたしは、このことを何度でも繰り返します。聖書に馴染みある人は、「終末論」や「時満ちた」という言葉を聞くと、聖書の終末論の予言を思い浮かべるからです。わたしがこのことに触れるのは、あなたの意識にそうしたものがあるからです。判断の時代や、選ばれた人々を他のあらゆる人々から分離する時代といった、この時代に関する誤った解釈があふれているからです。あらゆる人が選ばれています。あらゆる人が愛とともに選ばれ、判断されることなく選ばれています。

2.10 分離の考えは、融合の考えとは一致しません。新しい時代が自分を他者から引き離すとか、自分を「選ばれた者」として皆から引き離すとか、そんな考えを持ったまま先に進んでも、せっかくの新しい時代を十分に認識することはないでしょう。新しいものを十分に認識できることが解説Ⅳで目指すことなので、あなたの認識を妨げる誤った考えについては何度でも繰り返す必要があります。もし判断しながら観察できると考えているのなら、解説Ⅲで述べた観察の定義を理解していません。

2.11 何かを最初に始めても、それは人より優れているという意味にはなりません。あなたにできることをわたしが最初に示したからといって、わたしがあなたより優れているわけではありません。スポーツイベントでも「一位」は賞賛されますが、すぐに新しい記録で塗り替えられます。飛行機を飛ばしたり月面着陸をしたりなど、必ず誰かが「最初」にしなければなりませんが、最初に始めることは、そのあとに続く二番手、三番手がいることを示しているに過ぎません。最初に功績を残した人に与えられる注目や敬意は、皆が自分にもできることを知るための呼びかけに過ぎません。ある人は、スポーツで最高記録を出したいと思うかもしれませんし、ある人は、人類史上初めて宇宙へ行った人のように自分も宇宙へ行きたいと思うかもしれません。スポーツで最高記録を出したい人は、初めて宇宙へ行った人のあとに続きたいとは思わないでしょう。その逆も然りです。けれども何かをなし遂げる人というのは、他者のために扉を開く人です。あなたもそれを知っています。最初に飛行機を飛ばす偉業がなされたとき、自分も飛びたいとすら思っていなかった人々が、そのあと飛行機で飛んでいるのです。

2.12 同様に「一位」を獲得した人々は、その一時的に得た高い「地位」がずっと続くものではなく、別の人たちがすぐに同じことをすることに気づくでしょう。そしてあとに続く人たちは、より楽に、より少ない労力で、より大きな成功を収めることがわかるでしょう。あとに続いた人たちは、一瞬、自分たちの方が「優れている」と考えるかもしれませんが、その瞬間が過ぎれば激しく落胆することになります。新記録を出したり発見したり発明したりする人のほとんどは、その結果に彼らを導いた自信をよそに、人より「優れている」とは思っていないものです。彼らの目標は他者に優ることではなく、己に優ることだからです。多くの人がエゴを賞賛する手段として「一番」になろうとしますが、エゴのために成功できる人はわずかです。そして、彼らが賞賛されることはありません。

2.13 ですからあなたは、今でも自分の意図することを見つめ、古い方法に属すあらゆる考えを除かなければなりません。もし今でもエゴを賞賛することに興味があるのなら、あなたはこれを読んではいないでしょう。とはいっても、あなたはまだ完全に真の自己に対して確信を持てていません。その確信のなさゆえに、古い思考パターンにさらされています。こうした古いパターンの多くは、わたしにとってはどうでもよいことです。あなたの中で新しいものに対する気づきが増せば、古いパターンはあなたからはがれ落ちていくからです。しかし、わたしが長時間費やして述べているこの古いパターンは、たとえわずかでも残っていれば、新しいものに対してあなたの気づきが増すことを妨げます。ですから、意識的に古いパターンから去らなければなりません。

2.14 過去のパターンが原因で、自分が特別であると思うことなく、新たな時代の先駆者に自分が選ばれたと思うことは、あなたには難しいでしょう。これが、特別性の概念を一掃すべく取り組んできた数ある理由の一つです。あらゆる人が選ばれているというステートメントに示される特別性のなさを明確にする最善策の一つに、自分を観察するというものがあります。

2.15 真の自己が表現するものを観察する力こそ、新たな時代の先駆者になるべく選ばれた理由の一つです。今の自分が表現することや、これまで表現してきたことを観察してみてください。今のあなたは、子供の頃のあなたとも、数年前のあなたとも、このコースを学び始めた頃のあなたとも違いますが、あなたはあなた以外の誰かであったことはありません。現在のあなたは、あなたが子供の頃からずっといましたし、このコースを学び始める前にもいました。あなたは真の自己に対する認識を今ほど持っていませんでしたが、観察に専念する今、現在と同じ真の自己が確かに過去にも存在していたことがわかるでしょう。そして、あなたの変わらぬ真実が見えてくるでしょう。

2.16 他者の真実は、まるで存在していないように感じられるかもしれません。でもその存在を知らずに、どのように他者を観察できるでしょうか。あなたに求められているものは、観察に専念する力です。つまり、因果を引き起こす力です。幻想でなく真実を観察するその力は、あなたの内側にあります。その力こそ、あるがままに見る力です。それがキリスト意識です。

2.17 繰り返します。その力こそ、あるがままに見る力です。これは、あなたに示された道に兄弟姉妹が従ったらどうなるかという可能性を見るものではなく、あらゆるものをあるがままに見るためのものです。あるがままに見る力によって、あなたは兄弟姉妹と分離するのではなく、彼らと融合します。この融合がなければ、力はないということです。あなたは真の彼らを見ることしかできません。あなたはあなた自身の力を知っています。あなたは、わたしが見るように見て、あらゆる人たちが選ばれていることを目撃しなければなりません。

2.18 この分かち合われたヴィジョンからのみ、融合と関係性を手段にして、融合と関係性を生み出すことができます。

2.19 だからこそ、教えを説くことやこのコースのよさを他者に納得させることは、あなたに求められていないと長々述べてきました。このコースは学習に過ぎません。教えを説いて他者を説得したいと思う人々も、あなたと同様に神聖な存在です。その聖性だけを見なければなりません。教えを説くことや説得するという観点で考えているうちは、あなたは、すでにあるものでなく未来の結果に思いを馳せています。そんな思考は、新しいものの役には立たず、新しいものを十分に認識できなくさせます。

2.20 神の祝福を受けた神の子たちよ、次のことを思い出せますか。あなたの兄弟姉妹は、あなたの真の自己と同様に神聖な存在です。聖性とは、創造されたままのあらゆるものたちによる自然な調和です。

2.21 ここからは別の話をします。あなたがこの話を記憶にとどめ、真実として受け入れてくれることを望んでいます。一日一日は創造であり、神聖です。その日がもたらすことに苦しんで生きるべき一日などというものはありません。あるがままに見る力は、あなたと一緒に生きるあるあらゆるものと結びついています。その力は、あなたが時空で作り出す日々とも結びついています。そのように見ることで、あなたは現在と融合し、自ら知覚するものではなく、あるがままの存在と融合します。

2.22　あるがままに観察するというのは、ハートとマインドが融合した結果、自然に起こることです。このハートとマインドの最初の融合によって、肉体世界と精神世界がつながります。あなたは、そのつながりをより一層認識できるようになります。それが新しい関係性です。融合、ワンネス、神は、常に存在しています。でもあなたは、創造パターンの完全性との関わりを絶ったときと同様、融合、ワンネス、そして神との関わりを、直接知ることから自分を遠ざけました。あなたは神を信じ、おそらく融合やワンネスといった何らかの概念をも信じてはきましたが、神との直接的な関わりを経験する可能性については否定してきました。自分の人生において、融合やワンネスといった創造を直接体験する可能性でさえも否定してきました。

2.23　こうした否定について考えてみてください。今なおあなたの思考パターンには、そんな否定が顕著に表れているからです。第一部では、目に見えるものと見えないものの関係性にあなた方は気づけないと述べました。あなたは家族、友人、同僚たちとの関係を信じ、ときには知人や見知らぬ人との一時的な関係を認め、同じ考えを持つ仲間たちとの短いつながりを感じて生きてきました。それでも、基本的には一人で生きていると思っています。特別な関係以外では、わずかなつながりしか持たず、短い出会いに象徴されるようにその目的もまた、わずかなものです。あなたは遠い世界のニュースやその地域の発展を見て、生態学的、社会学的つながりを感じることもあったでしょう。世界や自分に影響を与えそうな出来事を見ることもあったでしょう。けれどもその出来事が自分に影響を及ぼさない限り、あなたは、自分がその出来事に関係しているとは考えません。

2.24　観察について理解をあらためるとともに、関係性についても理解をあらためなくてはなりません。関係性に影響を及ぼす、観察に専念する力についても理解し直さなくてはなりません。

2.25 けれどもわたしたちは、すでに述べた重要な点からそれてしまいました。新しい関係性は肉体と精神の間にあるものですが、それは、間接的ではなく直接的なものです。それは確かに存在します。あなたはその存在に気づき始め、ますますそれを否定できなくなります。そして否定したくなくなります。その内なる気づきが増すことを認めるとき、あなたは、解説Ⅳで述べているレッスンを学ぶでしょう。

2.26 新しい関係性によって、唯一あるがままに見ることができます。分離した状態とは、ハートとマインドが分離した状態に他なりません。その状態では、ハートとつながらずにマインドだけで知ろうとし、融合から生まれる創造物を見るのではなく、独自の創造物を見るに過ぎません。

2.27 こうしたアイディアをあなたの内側で温め、それらが告げる真実を明らかにしましょう。分離したマインドが、分離した世界を作りました。原因と結果は同じです。分離した状態が、分離した世界で見られるさまざまな状況を作り出しました。マインドとハートを一つにすることで、融合した状態があなたのもとに戻ります。すると本当は何が創造されていたのかという、創造物の真実が明らかになります。そして再び、あなたは創造できるようになります。

2.28 わたしが地上にいた間、わたしと兄弟姉妹を区別していたものがあります。それは、融合した状態にあるかどうかということでした。わたしは、キリスト意識と言われる意識状態にあり、融合とあらゆるものとの関係性の中で生きていました。したがって、「キリスト」の兄弟姉妹である彼らの真の姿を見ることができました。彼らが分離した状態で自分たちを見る中、わたしは融合と関係性の中で彼らを見ていました。この融合と関係性を通して見る力こそ、あなたに求められている「分かち合われたヴィジョン」と言えます。

2.29 あなたはあまりにも長い間、分離した自己のヴィジョンとともに生きてきたので、「分かち合われたヴィジョン」が何を意味するのか想像できません。たとえそれを経験しても、それが「分かち合われたヴィジョン」であるとは気づきません。そのため、いまだに、あるがままに見ることをごっこ遊びのようにとらえ、自分を騙してでも、恐れの原因があるところで愛を見たと思い込まなければいけないと思っています。今こそ、判断せずに見なさいと呼びかけられていることを思い出してください。それが真に見るということです。善悪を見分ける必要はありません。ただ、必ず愛か恐れか、その一方を用いて見ていることに気づかなければなりません。

2.30 あなたはそれでもまだ、わたしが述べている分かち合われたヴィジョンで見るのではなく、これからも分離の視点で自分は見るのだろうと思っています。今までと同じ見方で日々、身体と出来事を見るのだろうと思っています。けれども、あなたは気づいていませんが、あなたのヴィジョンはすでに変化しています。融合を認識できるようになっていることに気づいてください。あなたはもはや、人や出来事を、完全なものとは無縁の分離したものだとはとらえていません。確かに存在するつながりを見始めています。それが始まりです。

2.31 よく考えてみてください。あなたが感じているかもしれない真のヴィジョンの始まりとは、何を意味するのでしょうか。この問いについて考えたことがありますか。以前と方法は同じでも、より愛をもって見ることを予想できましたか。自分と同じように兄弟姉妹がキリスト意識の中でわたしとつながっていることを、認識できるようになるかもしれないと思ったことがありますか。今までとまったく違う方法で見ることを疑わしく思いましたか。オーラや光の輪、合図やヒントなど、以前は見えなかったものが見えるようになることを疑わしく思いませんでしたか。何かを見るとき、視覚以外の感覚を使って見ていますか。直感が研ぎ澄まされ、内なる知から真実を知り、それが肉眼の視野を助けることになると思ったことがありますか。

2.32 これらのすべてが起こり得るのです。でも真のヴィジョンとは、関係性と融合を通して見られるものです。それは、分離した態度で肉眼を使って見るヴィジョンとは反対のヴィジョンです。真のヴィジョンは、まず先に何かが明らかになることを想定するから見られるものです。それは、あらゆるものとの関係性と融合を通して自分は生きている、と信じることでもあります。つまりそれぞれの出会いが一つの融合であり、関係性であり、目的なのだと信じることです。それを明らかにする神という源とあなたは一体なので、間もなく、その目的が明らかになります。

2.33 あなたはすでに、キリスト意識のヴィジョンで見るようになっています。そして、キリスト意識のヴィジョンが意味することを学んでいます。解説Ⅳは、その手助けをします。再び見ることを学ぶのは、再び創造することを学ぶ前兆です。再び創造することは、新しい世界を生み出す前兆です。あるがままに見る分かち合われたヴィジョンからのみ、融合と関係性を通して新たに融合と関係性を生み出せることを覚えておいてください。これが今のあなたの目的です。このカリキュラムが、その目的を果たせるよう導きます。

第三章　自然なヴィジョン

3.1 観察するとは、受け入れる範囲を広げることです。そうすることで、受け入れたものを目に見えるものにします。受け入れるとは、行為ではなく状態を指します。受け入れる自覚はヴィジョンから生まれます。今、そのヴィジョンについて話し始めたところです。

3.2 観察とヴィジョンは密接に関連しますが、同じものではありません。観察は、個の自分を高めることと関係しています。ヴィジョンは、高められないもの、つまり聖なるパターン、そしてあらゆる生きとし生けるものを結びつけている融合と関連します。観察とは、結びつけているそのパターンを、身体を使って見る手段とも言えます。

3.3 個の自分は、その本質と目的によって、本来の状態まで引き上げられなければなりません。観察に専念することで、あなたは本来の目的に戻ります。キリスト意識のヴィジョンが、あなたをそのヴィジョンの向こう側へと導きます。

3.4 本来の目的とは、物事の本質に通じるものです。本来の目的と原因は、同じ意味だからです。選ばれた経験の本来の目的とは、愛の自分を目に見える形で表現することでした。こうした本来の目的、つまり原因によって、関係性の中で観察されるという個の自分の本質が生まれました。最初の原因はそのままなのに、本来の目的が擦り変わったため、個の自分の持つ誤った性質が生まれました。このように本来の目的が擦り変わることは、単に愛が恐れに入れ替わったことだと言えます。それほど単純なことですが、この擦り変わったことに対するあなた方の解釈はとても複雑です。

3.5 あなたは、自分が恐れながら生きようとしたことがあるとは思っていないかもしれませんが、本来の目的が擦り変わったため、あなた方の人生は恐れで始まり、恐れに反応し続けるものになりました。本来の目的はあなたの内側に残っています。あなたは内側に恐れを抱えながらも本来の目的に背中を押され、愛の自分を表現しようとしてきました。しかし恐れは、恐れのサイクルを存続させる努力をあなたにさせながら、あなたのあらゆる努力を阻止してきました。愛という本質が恐れと擦り変わった結果、本来の自分で居続けよう、本当の自分を表現しようと、努力しなければならなくなりました。わたしたちがこれからしようとすることは、その擦り変わってしまったものを逆転させ、あなたを本来の状態へ戻すことです。

3.6 あらゆるものには、努力を要さない喜びと、愛に満ちた「自然な状態」があります。時間の中で生きるものには、「不自然な状態」があります。どちらの状態も、関係性の中で存在します。関係性があるために、あなたは永遠に、分離も孤立もできません。同時にその関係性がまた、あなたを本来の状態から遠ざけます。恐れは、誤って受け継がれた考えと一緒に生まれました。その考えとは、分離して孤立している状態こそあなたの本来の姿であって、だからこそ恐れを抱き、関係性は恐ろしいものであるというものです。信頼は、獲得しなければならないものになってしまいました。神のようなもっとも愛情深い親でさえ、子供を恐ろしい世界へ連れ出し、時間という試練にさらしてきました。こうして、世界はすべてにおいて努力が必要な世界となり、神を含むあらゆるものについて、恐れと努力を天秤にかけるようになりました。

3.7 こんな状況を逆転させ、恐れの世界と愛の世界を取り替える今、それらを天秤にかけることはもう不可能です。神は恐れを創造しませんでした。神は恐れから判断したりしません。あらゆる判断は恐れを引き起こし、恐れの信憑性と愛の強さを見定める努力を誘発しました。あなたは、恐れることが普通になっている世界を信じ、そこで生きることを選んでいるので、神を知ることができません。あなたが神を知ることができないのは、恐れによって神を判断し、それが自分の自然な状態だと思っているからです。

3.8 愛という自然な状態が、あなたのもとに蘇ります。そのとき、ヴィジョンを得るので、判断が消え去ります。愛のヴィジョンが始まると、多くの人が最後の判断を行います。そのとき、あらゆることはよきことで、愛が満ちていることに気づきます。すべてが愛のヴィジョンで判断されると、目的を果たした判断は必然的に終わりを迎えます。それが最後の判断です。

3.9 これからあなたの中で生まれるヴィジョンは、新しいものではありません。それは、あなたが生まれながら持っている愛のヴィジョンです。新しいとは、本来の愛の状態に戻るために個の自分が引き上げられることを指します。そのとき、真に見る観察が始まります。

3.10 ヴィジョンは、世界とそこで生きるあらゆるものの真の姿を見せてくれます。あなたは観察することで、個の自分を、愛の世界という、あなたにふさわしい場所へと引き上げることができます。

3.11 ヴィジョンは、愛の内側で創造されたあらゆるものを知るための自然な「手段」です。観察は、知っていることを、身体を使って分かち合うための「手段」です。

3.12 身体は、創造物の自然本来の形ではありません。ヴィジョンは、創造物の本来の性質を再び知るための「手段」です。観察は、創造物の本来の姿を、身体を通してあらためて見るための「手段」です。創造物の真の姿が身体を通して見られるようになると、身体はより優れた状態になり、それが創造物の新たな特質となります。あなたがあなた本来の状態を形で表すことを選ぶなら、それが実現しない理由はありません。でもあなたの本来の状態が、愛に適さない形で存続できない理由はあります。恐れが本質になってしまっている形の中に、愛の創造を宿らせることはできません。

3.13 人は時間が始まって以来、分離した形の状態を終わらせようと奮闘してきました。同時に、形あるものが分離して孤立している必要のないことや、生命あるものが死なずに済むことに気づかないまま、人生にしがみついてきました。形は常に変わります。物事もまた、常に変化するものの一つです。しかし本来の愛の状態に戻れば、形でさえも、融合と永遠の生命の一部になります。

3.14 形ある生命の永遠性という考えに悩まされる人もいれば、それを奇跡と受け取る人もいます。死を破滅ととらえる人もいれば、新たな人生の始まりととらえる人もいます。どちらを選ぶかは、あなた次第です。生命への執着が、あなたを形の中にとどめてきました。死への執着が、形あるあなたを崩壊と再生のサイクルにさらしてきました。しかし、そのどちらでもない別の選択肢があるのです。

3.15 永遠の生命は口先だけの約束ではありません。それは、果たされてきた約束です。約束を果たす手段を選んできたのはあなたです。今、あなたの目の前に新たな選択肢があります。

第四章　永遠の生命が受け継いだもの

4.1　世界中の至るところで、永遠の生命が織りなすパターンが見られます。そのパターンがあるところには、永遠の生命が確実に存在します。手段と目的は同じです。原因と結果も同じです。

4.2　永遠の生命が織りなすものは、移りゆく形の一部です。それが、生と死、崩壊と再生、成長期と衰退期を通して地上に現れます。これらは極端な創造パターンです。そんな中で受け継がれたもの、それが平静さです。聖書の創造に関する箇所でも、安息日について語られています。極端な世界では、安息日に平静さを取り戻すという創造パターンが取られています。あなた方は、誕生は創造、死は永眠と考えます。あなたは、あなたの本質やあなたという生命の本質が、あらゆるものの本質や全生命の本質と同様に、愛の状態に適した再生期によって統治されていることに気づいていません。

4.3　古今通じて死を通して世代が変わり、新しい世代が生まれてきました。あなた方の惑星はいわゆる人口過多の成長期に達したため、古い世代と新しい世代のバランスが極めて重要です。新しい世代の居場所を作るために、古い世代は去らなくてはなりません。

4.4　この惑星が人口過多になる前も、この考えは広く実証されてきました。歴史を見ても、親の死は、子供が遺産を受け継いで一人前になるときとされてきました。親の権力、名声、世俗的な富は、子供へと受け継がれてきました。

4.5 これは、わたしが「神の子」という形で現れた理由の一つでもあります。わたしが地上にいた頃、相続という概念は今よりも色濃く残っていました。それは、明け渡して継続させるという考えです。父なる神が持つものは神の子へと受け継がれ、それは神の子の持ち物となり、神の子によって継続されました。

4.6 わたしの生命は、死と関係なく受け継ぐことができることを証明しました。わたしの生と死と復活は、受け継ぐ力を示しました。それは父なる神の力であり、生命を吹き込む融合の力です。わたしはあなたに呼びかけました。今もまた、あなたに受け継いでもらえるよう呼びかけています。

4.7 この受け継ぐという考えは、創造の本質から生じた自然な考えです。創造の概念にふさわしい継続を意味します。創造には中断がありません。類は類を生み、生命は生命を生みます。したがって、永遠の生命が織りなすパターンが明らかになります。

4.8 移りゆく形はその一部です。形あるあなたの変化、つまりわたしが述べてきた個の自分を高める変化は、永遠の生命が織りなすパターンでは自然なことです。あなたは、受け継いだものを受け入れる代わりに拒否してきたため、長い間、個の自分を高める変化が先送りになっていました。

4.9 したがって、解説Ⅳは「新しいもの」というタイトルになっています。地上には、父なる神からの継承物が受け入れられていた時代がありました。わたしが守っていたその時代は、継承物が受け入れられていたからこそ、満ちた時代として今でも語り継がれています。当時は、父なる神からの継承物を受け入れることによって、満ちた時代を迎えられると考えられていました。現在でもあなた方は、そう考えて生命が永続することを受け入れる能力を備えています。

4.10 これらが大げさなサイエンス・フィクションのような印象を与えないよう、そしてその印象のせいでわたしが伝える叡智に耳をふさいだりしないよう気をつけましょう。わたしが述べる変化は、不死に関するものではないと断言します。あなたは死すべき存在ではありませんが、今のあなたやこれまでのあなたと異なる、反対を述べる言葉は正確な言葉とは言えません。わたしは、身体が永遠に生きるとは言っていません。二十年、五十年、九十年といった、いわゆる人生のことを述べているのではありません。人の寿命は、生命という性質上の大きな変化を経ることなく延び続けてきました。今の人生が延々と続くという考えは、多くの人を魅了するものではありません。高齢で死を考えるようになった人の中には、寿命が延びて欲しいと願う人もいるかもしれませんが、多くの人は、苦しみと対立の終焉として死を迎え入れることでしょう。これまでと同じように延々と人生を送り続けることは、人生を生きる価値のないものに追いやるだけでしょう。

4.11 では、わたしは何について話しているのでしょう。あなたが今なお、おぼろげに見ている死を見つめなければならないなら、わたしはなぜ永遠の生命について語っているのでしょうか。わたしは、はるか昔からさまざまな宗教や信念体系であなたが耳にしてきたことを、ただ新しい言葉を使って繰り返しているだけなのでしょうか。わたしは、幸せな死や死後の天国の世界へとあなたを招いているのでしょうか。

4.12 わたしはあなたに、新しいもの、変容、そしてキリスト意識を目指して欲しいと呼びかけています。あなたはまだ形の中にいます。形の中にいる間、永遠の意識に向き合って欲しいと呼びかけています。形の中で永遠の意識に気づくとは、永遠の生命を持っていることを十分に知るということです。

4.13 それは、死後の世界を信じることとはまったく違います。信念は、未知のものに対して持つものです。もし知っているなら、信じる必要はありません。永遠の生命が明らかになるのですから、信じる必要はなくなります。

4.14 真のヴィジョンに戻ると、知が生まれます。真のヴィジョンとは、限りある生命と死ぬ運命の身体を知覚しながら、永遠の生命を見ることです。ヴィジョンとキリスト意識が戻ってくると、永遠の生命という「手段」が一つの選択肢として理解されるようになります。人と聖なる存在の間を執り持つ関係の他に、関係性というものは存在しませんでした。したがって死を通して融合に戻るには、分離した状態を終わらせる以外の選択肢はありませんでした。形を通して融合に回帰すると、その形を使い続けるのか、それとももう使わないのか、その決断はあなたに委ねられます。

4.15 継続は関係性の性質であり、物質の性質ではありません。物質と聖なる存在の関係性の中でのみ、物質は聖なる存在となって永遠でいられます。人の形をしたまま融合にとどまれるなら、その形を去ることをあなたが選ぶなら話は別ですが、そうでなければ、あなたが人の形を去る理由はありません。融合にとどまるとは、あなたの自然な状態である、永遠の生命にとどまることです。分離した状態にとどまるとは、あなたがいずれ手放したいと願うことになる、不自然な状態にとどまることです。

4.16 この話をすると、多くの人が、このコースの信憑性や適用性に大きな疑問を抱くかもしれません。しかしあなたがキリスト意識を認識するには、この話は不可欠です。自分が死ぬ運命にあると信じることは、真の自己として生まれ変わるためには、形ある個の自分への執着をなくさなくてはならないと思うことです。これは古い考え方です。あなたは真のアイデンティティを今取り戻すために、このコースを取り組んできたのではないですか。関係性の中でハートとマインドをつなげることが、「今いる現実」において個の自分と真の自己をつなげることです。ハートは、あなたが自分の居場所と思っている現実にとどまらなくてはなりません。それを忘れないでください。マインドが新しい現実を受け入れなければ、ハートは解放されず、関係性が存在する融合した新しい現実に生きることはできません。

4.17 真の自己は死によってのみ蘇る、という考えをなくす必要があることがわかりませんか。このコースがただ死後を垣間見るものだとしたら、このコースの果たす目的とは何でしょう。あなたの生き方やあなたが住む世界に、それはどんな変化をもたらすでしょう。

4.18 真の自己が身体と融合したとき、死は何の目的を果たすのでしょう。あなたは単純に真の自己と身体の融合を、一つの意識からキリスト意識への変容と受け止めるでしょう。形は一つの意識を象徴したものに過ぎません。形はキリスト意識を象徴するようになると、それはキリスト意識の性質を帯びるようになります。わたしの人生がよい例です。形を通してキリスト意識を保つとは、新しいものを創造するということです。わたし一人の前例では、わたしのあとに生まれた人たちが持つはずのキリスト意識を維持することはできませんでしたが、わたしは手本になることができました。あなたに求められているのは、皆でキリスト意識を保つこと、そして新しいあり方として、人と聖なる存在の融合を創造することです。その融合が、形を通して真の自己を表現するというゴールの先へとあなたを導きます。そのゴールは、一時的な経験に対する欲求を反映させたものに過ぎないからです。身体的経験は魅力あるものなので、その一時的な経験が延々と続いてきました。解説Ⅳでは、身体的経験が魅力的で、新しいあり方としてあなたが人と聖なる存在の融合を創造するなら、その選択は永遠にあなたのものになるということを述べています。その選択は、恐れを持たずに創造するという選択です。それが、新しい選択です。

第五章　創造エネルギーとキリストの身体

5.1　形ある永遠の生命が、唯一の選択肢ではありません。あなた方の多くが、わたしが神の子であると信じました。誕生前、地上にいた間、死後、そして復活後も、わたしが人間以上の存在であると信じました。あなたも同様に、神の子であり、人間以上の存在です。わたしの前やあとに地上にいた人々も同じです。神の子であるとは、創造が続いていることを示しています。あなたが真に受け継いだものを受け入れたとき、あなたは満たされます。

5.2　そう述べるのは、「あなたは神の歌です」と口にするのと同じくらい容易なことです。あなたは神の調和であり、神の表現であり、神の旋律です。あなたとあなたがともに生きるあらゆる人たちは、オーケストラを形成し、創造という名のコーラスを奏でています。地上にいる時間を、見習い音楽家として過ごす時間と考える人もいるでしょう。あなたは再びコーラスに加わり、忘れてしまったことを「学ぶ」「学び直す」ということをしなければなりません。そうすれば、創造物と再び調和できるようになります。コーラスとオーケストラ全体の融合した関係の中で自分を表現できるよう、学び直さなくてはなりません。融合と関係性の中で自分がなし遂げたことを認識し、それらとあらゆる人々がなし遂げたことを自らつないでキリストの身体となれるよう、忘れ去っていることを学び直さなくてはなりません。

5.3 いくつもの形が、キリスト意識を通して一体になります。一体となったその一つのエネルギーは、形ある数々の表現に与えられます。同じ生命力が、そんなエネルギーという形で、物質として存在するあらゆるものの間を駆け巡っています。キリスト意識とは、このたった一つのエネルギー源を認識し、あらゆるものが同じエネルギーを持ち、何事においても生命を創造すると気づいている状態です。そのエネルギー源はまた、今まで述べてきた、あなたの中心にあるハートのことです。あなたの中心が、あなたという存在の源でないことなどあるでしょうか。

5.4 あなたの身体が生きるには、このたった一つのエネルギーがあなたの身体に入らなければなりませんでした。そしてそのエネルギーは、あなたが自分の居場所と思っているところで存在しなければなりませんでした。これが愛のエネルギーであり、創造のエネルギーであり、神として知られている源です。あなたは紛れもなく生きているので、生きている他の全員の内側にそのエネルギーがあるように、あなたの内側にも、それは確かに存在します。そのエネルギーは尽きることなくさまざまな形に物質化されます。また、非物質化されたり、多種多様な形で何度でも物質化されたりします。けれども形は、そのエネルギーを封じ込めることはしません。そのエネルギーの拡張や表現に、形が必要というわけではありません。形が、神や創造エネルギーをどのように封じ込めておけるというのでしょう。

5.5 あなたという形の中に、ハートや創造エネルギーや神があるのではありません。あなたという形は、こうしたエネルギーが拡張した象徴に過ぎません。あなたはこのことを考えるとき、エネルギーの小さな瞬きによって宇宙があなたの内側に創造され、そのエネルギーがあらゆる創造物と自分をつなげているというふうにとらえるかもしれませんが、あなた自身が宇宙そのものです。天国の星々や海中にある同じエネルギーが、あなたの中にも流れているのです。そのエネルギーは、抱擁を象徴する形であると同時にその中身でもあります。つまり、それはあなたの内側を流れていると同時にあなたを包み込んでいます。それはあなた自身であり、あなたと共存するあらゆる存在であり、キリストの身体です。そのエネルギーは、海の生物にとっての海水のようなものです。海の生物は神を探す必要はありません。海の生物は神の内側で生きています。あなたも同じです。

5.6 神については、あらゆるもの、あらゆる生命、キリストの身体として、かつ一見あらゆるものの一部をなすものとして考えることができます。キリスト意識とは、それを認識している意識のことです。

5.7 指が身体の一部であり、身体から離れることなく、身体以外の何物でもないように、あなたはキリストの身体の一部でありながら、宇宙を形成するエネルギー体でもあります。

5.8 けれども指は大きな身体に支配され、脳の信号と複雑につながり、筋肉、骨、体内を流れる血液、鼓動し続ける心臓ともつながっています。そのように、指は身体全体から独立して動くことはありません。そのため、指には自由意志がないとあなたは言うかもしれませんが、指は、身体から独立したら、指そのものを表現できないのです。

5.9 あなたも同じです！　あなたも、全体性から独立したら、自分を表現することはできません！　指がそうできないのと同様、それは不可能なのに、あなたは可能と思い、そうすることこそ自由意志だと思っています。自由意志は、不可能なものを可能にはしません。自由意志は、可能なことが実現される可能性を高めます。ですからあなたが本当の自分であるために、自由意志を使う可能性は十分にあります。しかし、それは保証されていません！　それはあなたの選択です。あなたの選択であることだけが保証されています。それが自由意志という意味です。

5.10 あなたの意志を神の意志と合わせることが、キリスト意識を選ぶということです。それが、本当の自分に気づくための選択をするということです。「キリスト」の兄弟姉妹を知るように真の自己を知ることが、キリストの身体として存在するということです。

5.11 あなたがそう選択するよう、わたしは今、あなたに呼びかけています。この選択は、形あるあなたが死を迎えたからといって自動的になされるわけではありません。死を迎えても、本当の自分や、自分が思う自分への執着はなくなりません。選ぶことに対しても執着し続けます。あなたは死を迎えるとき、本当の自分でいることを選べるよう、形あるときには不可能だった方法で助けを得ます。肉眼では見えなかった方法で、もともとあった自分の栄光を見せられます。そして今と同じように自由意志によって、本来の自分を選ぶ機会を与えられます。

5.12 あなたは、仲介がある時代を終えて直接学ぼうとしていく今、一つの身体と一つの意識として、集合的な新しい選択をしました。だからこそ、かつては死後にだけ与えられていた機会が今、与えられています。あなたは以前、死後にだけ神から直接啓示を受けるという選択をしていました。このことについてよく考えてみると、その通りだったことがわかるでしょう。あなたは、よい人生を送り終えたときに神を知りたいと思っていました。あなたが思い描く死後のヴィジョンは、神が神ご自身をあなたに示し、あなたは啓示を受ける中で変容するというものでした。これからあなたに訪れる直接的な啓示は、大勢の死者のもとに訪れた啓示と同様、確実にあなたを変容させます。

5.13 死後の世界を信じているなら、これまではおそらく二面的な世界を想像していたでしょう。例えば、天国と地獄の世界や、全か無のどちらかしかない世界を思い浮かべていた人もいるでしょう。多くの人は死後を、評価されるときだと考えてきましたが、本当のことを言えば、死後はあなたが今いる時間と何ら変わりありません。死後は認識度が増すので、選択肢が増えます。身体を失い、肉眼の限られたヴィジョンが去ると、真の選択が明かされます。そのときこそ自己評価し、自らの栄光を信じるあなたの力を判断するときです。そこで、あなたの生命がどのように継続するのか決まります。たった今も同じです！　今こそキリストの時代であり、キリスト意識を選ぶあなたの力を使うときだからです。その意識は、死によって身体を失った人に蘇るものでした。死によって身体を失うことは、キリスト意識に到達して直接啓示を受けるための手段であり、それは仲介がある時代に選ばれるものでした。けれども今、キリストの時代に個の自分を高めることを、新しい選択肢にすることができます。

第六章　新しい選択

6.1　あらゆるものを包括した意識をもって創造するとき、あなたの担う役割とは何か考えてみてください。あなたの意識状態は、あなたの生死に関係なくキリスト意識の一部を担っています。あなたが眠っているのか、目覚めているのかは関係ありません。臨死体験をした人の報告がさまざまに異なるのはそのためです。今も昔も、わたしと他の魂による言葉や脚本が異なるのもそのためです。あなたが実現可能なこととして願い想像することは、あなたがそれを可能にさせるから実現可能なのです。単独でも共同でも、「わたしたち」という意識と関わることが、保証された未来ではなく実現可能な未来を創造します。

6.2　唯一、わたしが保証できることは、あなたは、わたしがあなたに伝える真の自己であること、そしてわたしは、あなたのアイデンティティとあなたが受け継いだものについて真実を述べているということです。それを知って何をするのか、何を創造するのかという選択は、あなたに委ねられています。

6.3　限られた人しか選ばれないと信じる人は、選ばれし者と選ばれざる者が登場する脚本を作る可能性があります。永遠の生命が他の世界の生命をも含むと信じる者は、ある世界と別の世界でそれぞれ生きる人たちが存在する脚本を作る可能性があります。けれども兄弟姉妹を互いから引き離す脚本や、わたしたちを結ぶ唯一の生命エネルギーから兄弟姉妹を引き離す脚本は、どれもこれまでと同じように、ただ異なった形で生命を継続させるだけの脚本だと断言します。融合に関する気づきとは、あらゆるものを一つのものとしてキリスト意識の自然な状態に戻す気づきのことです。

6.4 直接的な啓示と直接的な分かち合いをするこのキリストの時代にあなたが創造するものとは、あなたが願って想像する実現可能な未来です。そうする力が、観察に専念する力です。わたしはあなたに、融合というヴィジョンが分かち合われることと、あらゆるものが本来の状態に回帰することを願って想像して欲しいのです。

6.5 キリスト意識という、あるがままのヴィジョンを分かち合ってください。それは、創造の完璧さを示すヴィジョンです。融合と関係性が調和しているヴィジョンです。それは、誰のことも、誰の選択も、誰のヴィジョンも除外しません。兄弟姉妹が本来の状態を選んでいなかっとしても、たとえ別のヴィジョンを選んでいたとしても、彼らは真の彼らであり、あなたと同じように神聖な存在です。あらゆる選択は永遠に抱擁されます。間違った選択というものはありません。誰も除外されていません。あらゆるものが選ばれています。

6.6 親愛なる兄弟姉妹たちよ、宇宙には、あなた方全員が選択するだけの余地があります。わたしは、あなたが新しい選択をするよう呼びかけています。そして新しい選択をする準備ができていない人に対し、寛大に接するよう呼びかけています。分離と分裂の考えに屈しないという極めて重要なことができている限り、あなた一人の選択は、無数の兄弟姉妹に影響を与えます。それを十分に認識し、新しい選択をして欲しいと呼びかけています。

6.7 個々の意識が不変の信念でないように、キリスト意識もまた、不変の信念とは異なるものです。キリスト意識はあるがままの意識であり、そこに誤った知覚の余地はありませんが、創造する余地はあります。その状態では、愛という神の法則の唯一の真実にとどまりながら、その一瞬一瞬にたくさんの表現を見出すことができます。過去の大勢の人々と同様、あなたはキリスト意識で生きることができます。そのように生きることで、愛をもって願い想像していることに大きな影響を及ぼすことができます。祖先と同様、人や世界の本質を変えることなく、そうできるのです。キリスト意識で生きた人々が起こした変化は素晴らしいものでしたが、その後、彼らはその意識を維持しませんでした。個々の選択と集合的選択が原因となり、彼らはキリスト意識を直接分かち合うことができなかったからです。

6.8 今、類を見ない機会があなたに与えられています。キリスト意識を直接分かち合って保つべく、キリストの時代に生きているからです。あなたは、この時満ちた中で受け入れて継承したものを次世代に伝えることができます。この融合の時代に、あらゆる思いを融合のために捧げてください。分離を受け入れないでください。すべての選択を受け入れてください。すると、時満ちた中であらゆるものが選ばれます。

第七章　学びを終えるとき

7.1　キリスト意識は、判断や裁きをやめるあなたの力次第で、一時的なものにも持続するものにもなります。あるがままの存在は愛から生まれ、判断を知りません。あなたが愛をもって願い想像するすべては、裁きのないものに違いなく、そうでなければ、それは誤った想像であり、誤った願いです。それは単に間違っていて、真実と調和していない願いだということです。それが不適切である、悪である、という意味ではありません。間違っているというだけでは判断を引き起こしはしませんが、誤りは真実に取って代わり、あなたをキリスト意識から引き離し、キリスト意識を保てなくさせます。

7.2　ホーリースピリットの時代に生きていたからといって、仲介であるスピリットの意識に自然と気づけたわけではなかったように、キリストの時代に生きているからといって、キリスト意識に自然と気づけるわけではありません。ホーリースピリットの時代では、間接的な手段を通して真の自己と神に対する理解を深めました。キリストの時代では、目に見える直接的な手段を通して理解を深めます。ホーリースピリットの時代にスピリットが誰の手にも届く仲介者であったように、キリストの時代では、キリスト意識が誰の手にも届くものとして存在します。

7.3　キリスト意識を得てキリスト意識のヴィジョンを今学んでいる人は、兄弟姉妹と自分の目の前にある多くの選択肢に気づかなければなりません。ホーリースピリットの時代では、人にはスピリットが宿っているという理解が人々の表層意識まで上りました。同様にこれから、あらゆる生きとし生けるものを創造して維持する融合への理解が、人々の表層意識に上っていきます。信仰深い人やそうでない人も、スピリチュアルな人や現実主義の人も、その理解を保っていけることでしょう。融合の経験に戸惑い、それをどう解釈したらよいのかわからないという人が大勢出るでしょう。何とか自ら解明しようとする人は、科学や技術、芸術や文学といった手段を使って真実に近づきます。啓示を経験することを自分に認めてあげられる人は、キリスト意識の中に入っていきます。

7.4 キリスト意識を維持する人は、判断しない状態でその意識にとどまります。彼らは彼らの考える完璧な世界を創造しようとしたり、それを他者に押しつけようとしたりせず、ただキリスト意識のヴィジョンによるその完璧な世界にとどまります。その完璧な世界は目に見えるものでありながら、彼らの内側に存在します。それは彼ら自身を通し、彼らに明らかなものとなります。彼らが判断することなく願い想像するものを通し、彼ら自身に示されるのです。完璧な世界は身体を使った努力を必要としませんが、融合して解放された意識と、判断や恐れを持たずに願い想像できる意識を必要としています。

7.5 だからこそ死に対する恐怖を含め、あらゆる恐れがあなたの中から取り除かれなくてはなりません。永遠の生命というのは過激な考えのように聞こえますが、それでもすべての恐れがなくならなければなりません。判断しているうちはキリスト意識を保つことができないように、あなたの中に恐れがあるうちはキリスト意識を保つことはできません。なぜでしょうか。恐れはキリストの本質ではないゆえ、恐れや判断を知ることはキリストのすることではないからです。わたしたちは今、あなたがあなたの自然な状態にとどまることについて話しています。あなたの自然な状態とは、恐れや判断のない状態です。あなたの自然な状態と不自然な状態の差は、恐れと判断の有無によってのみ生じます。ハートとマインドが融合して一つになることで、あなたは本来の自然な状態を取り戻し、あなたの身体もまた、自然な状態にとどまります。身体はハートと同じように、あなたが自分の居場所だと思っているところにとどまらざるを得ません。あなたがハートと身体のために実在しない現実を作り出してきた唯一の原因は、自ら意識してマインドと真実を一つにできなかったことです。あなたのマインドは、あなたというアイデンティティの真実や愛の実在を受け入れずにいた間、恐れと判断に満ちた現実にとどまり、ハートと身体をそこに縛りつけました。あなたのハートはこのコースの訴えを耳にし、今では真実を受け入れようとマインドと向き合って取り組んでいます。ハートは常に真実を知っていましたが、マインドの協力なしに、自由に真実を受け入れることはできませんでした。

7.6 マインドはエゴの思考体系から解放された途端、真実の思考体系を学び直さなければなりません。この学びをもたらすために、マインドとハートと身体は一つにつながりました。そして今、それらは互いに調和しながら存在しています。マインドとハートの融合が、身体との調和をもたらしました。健康を極めることは数ある選択の一つですが、マインドとハートと身体が調和を維持することで、身体の完全な健康状態が保たれます。

7.7 あなたは、今ある現状こそ学びに最適であると気づくでしょう。そして、もう少しで学びが終わることを実感するでしょう。あるがままに知る能力とキリスト意識を保てるようになると、学ぶ必要性がなくなるため、学ぶ状態が終わります。言い換えると、不健康な状態と調和していたとしても、与えられたレッスンを学べば健康な状態に戻るということです。不健康な状態によって判断が生じるわけではありません。今も昔もこれからも、完全なる健康な状態によってこそ、あなたはキリスト意識の融合と真の自己に戻るための学ぶべきレッスンへと導かれるからです。いかなる学びのいかなる状態でも、それは同じです。最善の学びにとって、今ある現状は完璧な状態です。それが宇宙の本質です。その状態は、個人の学びにおいてのみならず、地域や人類の共通の学びにおいても完璧です。

7.8 しかし学びが起これば、学ぶ状態が必要なくなることをもう一度強調させてください。学生は必要な教育課程を終了すると、本人が選択する場合を除いて学校へ行く必要はなくなります。もう一度、言わせてください。間違った選択というものはありません。人としての経験が必要なくなっても、変化に富む経験を通して学び続けることを選択する人たちもいます。なぜなのでしょう。それは純粋に、かつ単純に選択だからです。でもその選択は、すでに起きた学びによる知識に基づいた、賢明で自由な選択だからこそ、あなたを愛に導きます。そして、それは喜びあふれる選択となり、喜びあふれる人生を保証します。そんな選択が世界を変えます。

7.9 けれども、学びから創造へ移行する際にあなた方の多くが行う選択こそ、**新しい世界を創造します。**

第八章　知るとは

8.1　あなたは、理解する段階にたどり着き始めたところです。この段階では、分離した「あなた」や形なき何らかの種が、どこかの時点で身体を使った愛の表現法を選んだからという理由で、人としての経験が始まったわけではなかったということに気づきます。身体を使って愛を表現する選択は、神によるものだったと理解できるようになってきています。創造主が行ったその選択の結果として、神の愛と神の選択と目的を表した宇宙が創造されました。

8.2　わたしは、あなたが今これを理解できる段階にたどり着き始めたばかりだと述べています。しかしわたしが本当に伝えたいことは、あなたが心の内側で真実としてこれを知る段階に差し掛かろうとしていることです。わたしがそう述べる理由は、あなたはもう古い考えに戻ることはなく、真実を知ることができるようになっているからです。つまりどんな選択をしても、「自分」が行ったという認識がなかったり、神が選択して以来生じたあらゆることを神のせいにしたりすることはないということです。わたしは、あなたが今、神と自分は同じであるということに耳を傾ける準備をし始めたところなので、これをあなたに伝えています。わたしが「神が選択した」と言うとき、あなたが選択しなかったと言っているのではありません。それはたった一つのマインドとハートの内側でなされた選択なので、あなたの選択でもあり、神の選択でもあるということです。つまり、融合してなされた同じ一つの選択だということです。それは、永遠に表現し続ける生命のために、あらゆるものが行った選択でした。創造とは愛を表現することなので、それは創造するための選択でした。

8.3 あなたのハートがあなたという存在の中心であるように、神のハートは宇宙の中心です。あなたの考えの源があなたのマインドであるように、あらゆる考えの源は神のマインドです。

8.4 過去にとどまることを永遠に手放す前に、少しの間、神の愛を表現する上で何を間違えてしまったのか、もう一度考えてみましょう。

8.5 形を使った創造には出発点がありました。これが、形あるあらゆる生物の性質です。生物は、その出発点から満ちるときに向けて成長します。宇宙の創造は神が行う規模であり、実際には多くの宇宙が創造されました。それらの宇宙は創造過程という自然のサイクルの中で大きく成長して変化し、衰退しては循環し、物質化されて非物質化されました。その過程は、一度始まると終わりがなく、創造し続けます。あなたも同じです。

8.6 神の愛と存在を表現するとは、神の本質を表現することによって愛を表現し続けることでした。あなた方は、自分を知らなかったゆえに己の本質から離れました。それが人間に生じたことです。あなた方はその結果、愛を表現する力や神を知る力からも切り離されました。

8.7 あなた方の本質を表現することが難しかったり、つまらなかったり、恐ろしかったりするべきではありませんでしたが、あなた方は、人間ができるまでどれほどの創造性が駆使されたのか想像できません！ おそらく、夢について考えてみるとわかるでしょう。夢の中では、自分が何もしなくても、あらゆることが起きて形になります。そして自分を表現することは、身体を使って何をするかにかかっています。そんな夢と同じように、少しの間、自分のどんな思いも実現されると想像できるなら、これまで生じた学びの過程について理解が深まるでしょう。あなたの現実が夢の中で経験する現実のようなものだとしたら、まるで赤ちゃんが学ぶように、息をすること、話すこと、歩くことを学ばなければならないことがわかりませんか。かつ息をすること、話すこと、歩くことは、愛あふれる宇宙においては愛に満ちた行為であり、それは愛あふれる学びの過程だということがわかりませんか。あなたが知る、あなたの選んだ学びの過程は、神が知る、神の選んだものと同じです。あなたと神は一つだからです。

8.8 わたしが述べていることが本当なら、神が神ご自身から分離したなどという不可能なことがどうして言えるでしょうか。神は神ご自身の本質である愛と、同じく愛であり、その本質でもある創造から分離することができませんでした。神であるはずの「あなた」が、神が分離できなかった愛と調和せずに生きるには、神から分離しなければなりませんでした。しかし神はあなたという存在の中心であるため、あなたはあなたのハートを神から分離させて生きることはできませんでした。あなたは、あなたの意志、つまりマインドだけを分離できたのです。あなたにとって、呼吸をして酸素を取り込むことは自然なことです。また当然ながら、無呼吸の状態は身体機能に適しません。同様に、恐怖は神にふさわしいものではありません。判断、束縛、不自由さもまた、神には不相応なものです。

8.9 神は常に、あなたのマインドが反抗しようと決めたものを知っていました。神は、創造物が完璧であることを知っていました。神から生じたあなたのマインドは、身体を使って学ぶ制約を強いられました。そして、満ちた時代に形を使って自分を表現するときに必要な学びに対し、反抗することを選びました。あなたが苦しんできた制約から解放されるには、学びが起こる必要があったのです。しかしあなたのマインドは、反抗することでその学びを遅らせているだけだとは気づいていませんでした。あなた方は常に、より早く、より多くを目指して闘っています。泳ぎ方を知る前に海を探索し、地球が平らだと信じていた時代に新大陸を探検しました。あなた方はそのように情熱的に切望し、目的を果たそうとする過剰な衝動を秘めています。そうした焦りが生み出す恐れや奮闘は神とは調和しませんが、それでも神は人の本質を見て、それと調和することを知っていました。

8.10 神はそれ以外に何をすることができたでしょうか。猛威を振るうに十分な大気条件で嵐が迫りくるときに、創造物はどう対処できるでしょう。あなたの子供が、ゆっくり学び、奥ゆかしく成長するには、あまりにも短気で頭脳明晰で熱心過ぎるというとき、親であるあなたはどう対処するでしょうか。あなたは愛を与えずにいますか。そんなことは決してないでしょう。勘当しますか。それも稀でしょう。あなたにできるのは、自分の意志を押しつけることはできないと気づくことです。押しつけることはできないからこそ、手放さなければならないことに気づけるでしょう。あなたの決断はまた、神の決断でした。

8.11 あなたは、神の最初の目的に従う中で、神が創った創造パターンの本来の意図に反抗しました。あなたは、その反抗は神に対するものだと思うようになりましたが、それは神に対するものではありませんでした。あなたの反抗は、「許可」されていませんでした。神とあなたが互いにそう選択していました。例えばあなたは親として、子供の気質がどんなに自分と違っていたとしても、子供の気質と闘うことはできないと理解するようになります。極端な例を言うと、あなたは、子供の自由を奪う以外には、子供が危険な行為を犯すことを止められないことを知っています。これが、あなたと神の間で起きたことです。

8.12 あなたを守るためであっても、あなたの自由を奪う行為は愛から生じたものではありません。たとえあなた自身からあなたを守るためでさえも、それは同じです。あなたの自由を奪うことは、神が創造する自由を奪うことです。己の本質が形によって制限されることへのあなたの反抗が、創造パターンの一部となりました。それが、創造物としての応えだったからです。それはあなたの応えでありながら、神の応えでもありました。神は創造主であり、創造物でもあるからです。

8.13 あなたは創造主と創造物の両者として生きるとき、神を拡張し強化します。神は、神ご自身である愛が形で表現されることを望まれていました。もしそれが神という存在を拡張し強化するためでなかったとしたら、神は他にどんな目的を持っていたというのでしょう。あなたが神を拡張し強化したいと願うとき、どんな目的がありますか。

8.14 神を拡張し強化したいという願いが、あなたという存在を拡張し強化したいという思いと違うものに感じるなら、それはエゴの仕業です。あなたの目的が、本当の自分を表現することによって真の自分を知り、それを分かち合うことであるのなら、神の目的も同じです。あらゆる創造物の中で、神だけが、静かに変わらず存在し続けているのではありません！　創造と同じ意味の名とアイデンティティを持つ存在について、どうしてそんなことが言えるでしょうか。あなたは、神はすべてを知っている、確かに存在するすべてを知っている、と思いたいでしょう。けれどもあるがままの意識、つまりあなたと神をつなげているキリスト意識は、不変の状態ではありません。真実の意識は不変ですが、それは拡張し続けます。

8.15 愛は一気に知るもので、一度知ったらそれで終わりというものでしょうか。人は一度、美を知ると、そのあとの美には感動しないものですか。意識の本質とは、知り続けていく力のことではないでしょうか。あるがままに認識し続けるとは、知り続けることであり、知らないときはないということではないでしょうか。

8.16 あなたは知っている状態を、知らないものがない状態のことだと思っているため、さまざまなことを学んでいます。あることを学び終え、確かな感覚を楽しみ、少なくともそのことについては知り尽くしていると誇れるよう学んでいます。それは、学ぶ存在であることに対するエゴの答えであり、習得できる何かを選ぶ行為でした。しかしそれはただ、学びを終わらせたいという願いでしかありませんでした。つまりそれは、あなたの本質にふさわしい真の願いであり、あなたがここにいる目的です。あることについて知れる限りのすべてを学び、それを学びの完了とするのは過ちです。学習の定義をもう一度考えてみれば、一科目の学びについてでさえも、その通りでないことがわかるでしょう。唯一、その通りと言えるのは、真の自分を学ぶときです。

8.17 親愛なる兄弟姉妹たちよ、学びは終わりを迎えます。学び終えるときが最初に訪れます。そしてキリスト意識が保たれ、絶え間ない啓示からあるがままに知るようになると、学びを通して知る行為は過去のものとなります。真の学びには一つの目的しかありませんでした。真のアイデンティティを自覚している状態に、あなたを戻すことでした。本当の自分を受け入れた今、学びを終わりにしましょう。

第九章　学んだ先には

9.1　学びは、続けるためにあるものではありません。ですから、このコースにも終わりが訪れます。わたしたちは、学び終え、観察、ヴィジョン、啓示に向けて進もうとしている今、その終わりを迎えています。

9.2　このコースのあらゆるスタディ・グループもまた、最終的に終わらなければなりません。わたしたちが目指す目標は、学び終えることだからです。

9.3　あなたはあらゆる学びを通し、学びの限界に達したことに気づいています。キリスト教を学び終えると、仏教を学び出す人がいます。仏教を学び終えると、他のさまざまな宗教や哲学や科学を学び出す人がいます。チャネリングで書かれた書物や個人の体験談を読んだり、成功を約束する十のステップなどといった本を読んだりします。超常的体験の調査に出かける人もいるでしょう。薬や催眠療法、瞑想やエネルギーワークといったものを試す人もいるでしょう。偉大な教えによってどこへ導かれるのかを追求し、いろいろな学びを組み合わせて取り組む人たちもいます。あなた方は、そんな彼らの話を見聞きして魅了されてきました。あらゆる学びは今も昔も真実を語り、学ぶに値するものでした。そうした取り組みが先駆けとなり、融合と関係性を通して新たに融合と関係性を創造する道筋が示されてきました。

9.4　しかし今、観察とヴィジョンと啓示を優先し、学んだことから去るときがきました。今こそ、願って想像していることのために学びを去るときです。本当の自分に「なる」ときから、本当の自分で「ある」ときへと移ります。今がそのときです。

9.5 あなたは、このときが訪れることを感じていました。学びが終点に達したことを察していました。新しい学びの興奮は続くものではありません。それはもう新しくないからです。あなたは、真実を語るすべてのメッセージが、別々の言い方で同じことを述べていることを知り始めています。そして、語られるべき新しいことは何もないように感じます。真実を理解して到達したこの場所から自分を前進させてくれるものは、もう何もないように思えるのです。習得したあらゆる学びによって、あなたは変化する準備ができたようです。より楽で穏やかな人生に向けて、変化を遂げる準備が整ったようです。けれども、学びが約束していたような変容はまだ実現できていません。

9.6 約束されていたはずの充足感がないことを容認しないでください！　新しい時代が今ここに訪れていることを喜び、その時代があなたを包み込むように、あなたもまた、その時代を受け入れるのだと覚悟してください！

9.7 学びの最終段階である自己本位な状態は、不可欠なものだったと気づいてください。あなたは自分に関する学びを中心に据えることでしか、個の自分の限界を解き放つ準備ができませんでした。こんなふうに今、自己について一心に取り組んでいることは歴史的にも予想外のことですが、それは必要なことでした。新しいものに挑んだすべての先駆者たちに感謝しましょう。彼らの勇気ある挑戦のおかげで、あなたは自ら自分を観察するに至りました。こうした先駆者や指導者たちがあなたに学んで欲しかったことに耳を傾け、学ぶ勇気を持った自分自身にも感謝してください。あなたを前進させたあらゆる道具に感謝しましょう。けれども今、喜んでそれらを手放すときがきています。

9.8 それらは最後の仲介として、個々の能力を超えた叡智を呼び起こしました。今、先駆者たちはあなたとともに、学んできたことから一歩踏み出し、これから明らかになることへ向けて前進するよう呼びかけられています。彼らはあなたと同様、わたしの愛する人々です。これは、特に彼らに対するわたしからのお願いです。

9.9 神に慈しまれた奉仕を捧げ、兄弟姉妹たちから高い敬意を持たれているあなたは、人々を新しいものへと導く案内人です。学びとその分かち合いから多くを得たあなたには、学びを去ることが難しく感じるかもしれません。学ぶ段階から前進せず、そこにとどまろうとする選択は、理解できるものです。しかし今、あなたが必要です。新しいものに向けて契約を確立させる上で、あなたが必要です。恐れないでください。栄光はずっとあなたのものでしたが、新しいものを創造するときにあなたを待ち受ける栄光はもっと素晴らしいものです。あなたは、これまでしてきたことを賞賛されるでしょう。けれども、永遠にあなたへの賞賛が、過去の功績によって生じるものであって欲しいですか。今度はあなたが先駆者となり、兄弟姉妹とともに次の段階へと進んでください。学びの段階から次の旅へと足を踏み出し、満ちるときへと導かれてください。

第十章　再び創造する

10.1　このコースは、あなたがあなた自身の教師であることをやめて、真の学習者となるよう導いてきました。そして今、学ぶ者として生きるときから、自らなし遂げたことを認識するときへとあなたを導いています。あなたはかつて、自分の教師であることに心地よさを感じていましたが、その役割を喜んで手放し、学習者という真の役割に心地よさを覚えるようになりました。今度はここで、学習者の役割を手放すよう求められています。そして、完成された存在としての新たな役割に慣れ、さらなる役割を果たせることを信じるよう求められています。

10.2　あなたには、そのように想像することは難しいでしょう。学んだことを手放すことについて考えるとき、あなたは抵抗を感じ、おそらく初めて、これまでの人生がその学びのためにあったことに気づくからです。あなたは、自分がどのように新しいことを知っていくのか、あるいは学んだことを手放してどのように今以上の自分になっていくのか想像できません。これからは学習ではなく経験をすればよいのだと思うかもしれませんが、あなたは経験について、学習とは異なる手段による学びに過ぎないと自分が思っていることに間もなく気づくでしょう。

10.3　あなたは自分を中心に据えた学びの道を進むにつれ、人生で起こるすべてを、学びの手段としてそのままとらえるようになりました。問題に遭遇すれば、そこからどんなレッスンを教わるのだろうと考えました。病気になれば、どんな学びがもたらされるのだろうと考えました。過去からも、もう一度学びました。夢から、芸術から、音楽から学びました。あなたはこうしたすべての中に、学ぶ自分を見出してきました。問題、病気、過去、夢、芸術、音楽の学びは、意識を自分に集中させるレッスンの学びとは同じではなかったかもしれません。しかしある意味、問題、病気、過去、夢、芸術、音楽にもきちんとレッスンが込められていたので、あなたはそれらから人生のあらゆる面において学ぶことができました。では、こんなにも長く続けてきた学びを、どのようにやめられるのかと問いたくなるでしょう。

10.4 人生で教わったことを、自分を中心に据えて見るという新たな見方に加え、あなたは関係性を教師ととらえる見方をしてきました。これから、学んだことを手放す、ということを始めていきます。今の時点では、学習手段を通して学んだことを、あなたはわずかしか実践できていないからです。

10.5 関係性は、今という瞬間に生まれるものです。学んだことは学習者の内側にとどまり、熟考され記憶され、新たな行動に取り入れられます。関係性は、愛こそが偉大な教師だと認識します。学びは、愛のないところに教師の力を認識します。関係性は、それが生じるときに生まれます。学びは、未来の結果のためにあります。関係性の中で起こることは、今という瞬間において意味あることです。学んだことは、将来的な可能性において意味あることです。

10.6 学んだ結果、物事が生じ、そこで知覚される意味が生まれます。

10.7 今わたしたちが目指すことは、「物事」や「知覚される意味」を生み出すことから、融合と関係性を通して新たに融合と関係性を生み出す方へと移行することです。

10.8 真の自己以外のものに応用された学びは、真の自己とは関わりのない結果を生むしかありませんでした。手段と目的、原因と結果は皆同じなので、そのように応用された学びは、物事を作り出し、知覚される意味を生み出しました。

10.9 あなたがなし遂げた真の自己に関する学びは、真の自己に通じる結果を生まないわけにはいきませんでした。手段と目的、原因と結果は皆同じなので、そのようになし遂げられた学びは、真の自己との融合とその関係性を通して新たに融合との関係性を生み出しました。

10.10 真の自己に関する学びで最初にあなたがやり遂げたことは、融合に回帰し、マインドやハートとの関係性に戻ることでした。そうすることで、あなたは、分離した自己ではなく真の自己を見極める力を取り戻し、融合を認識できる状態まで導かれました。このように融合と関係性を認識することで、新たに融合との関係性が生まれ、本当の意味が明らかになります。

10.11 学びは、知覚したものや知らないことに関するものであるのに対し、これ以上の学びがない状態というのは、明らかになったことや、今ある現状と関連します。明らかになったことを通してのみ、これ以上の学びがないことを知ります。さらに学びは、欠如を補うことに関連しますが、これ以上の学びがない状態は、欠如はないという気づきと関連します。学びは、愛である真の自己を形で表現するという、あなたの望みを実現させるために必要でした。これ以上の学びがない状態では、あなたがやり遂げるときを迎え、愛である真の自己を形で表現する準備ができていることが明らかになります。学びは、本当の自分を知り、その自分をどのように表現できるかを知るために必要でした。やり遂げてこれ以上の学びがない状態とは、本当の自分を知り、その自分を表現する力がある状態を指しています。

10.12 愛である真の自己を形で表現することは、学んでできることではありません。そのように生きることでしか身につけられないものです。今やもう、種を蒔いたり刈ったりするときではありません。喜びの歌を歌いながら、空舞う鳥たちのレッスンを成就させるときです。愛である真の自己を表現することは、融合と関係性による学びから、創造することへと移行した人たちの自然な状態です。

10.13 先ほど述べたように、学ぶ時期から抜けたがらない人たちもいます。このコースで教わることを学び終えても、学ぶ状態から出ない人たちもいます。そんな彼らもまた、世界を変えていきます。彼らは、この世界をよりよい場所にし、彼らが教えられる範囲の先へと大勢の学習者たちが進み出し、学びを去る状態へ移行するところを目撃します。

10.14 学びを去る意志のある人たちは、新しいものを創造します。創造は学びを通して生じるものではありません。分かち合いを通して生じます。世界を変えることは学べますが、新しい世界を創造する方法は学べるものではありません。これは理にかなっていると思いませんか。自他については学べますが、本当の自分や、キリスト意識であなたとつながっている他者については、これ以上学べません。あなたは本当の自分になり、この出発点から前進し、融合と関係性の中で再び自分を創造するからです。過去からは学べますが、未来からは学べません。学びを積み重ねるとき、あなたはただ過去の上に新たな学びを積み重ねるだけで、未来を創造しません。それは過去を延長しているに過ぎません。学びを去るよう呼びかけられているあなたは、神との融合と関係性に回帰するよう呼びかけられています。そこでは、あなたは神とともに歩む創造者となります。

第十一章　学びを終えてキリスト意識を保つとは

11.1 未来はまだ創造されていません。解説Ⅳの初めで未来を予測しないと述べたのはそのためでした。未来に関する予測がさまざまありますが、その大半が予言と言われています。しかし、その未来はまだ創造されていません。

11.2 未来は、学びを去る意志を持つあなたにかかっています。新しいものと未来を創造する者として、新たな役割を喜んで受け入れるあなたにかかっています。

11.3 次のことを教えましょう。親愛なるキリストの兄弟姉妹たちよ、あなたが自分の教師でいることをやめるとき、わたしもあなたの教師でいることをやめます。融合しているとき、教師と学習者がいる必要はありません。キリスト意識を保つためだけに、わたしたちは、融合と関係性の中で創造者としてともに存在しなければなりません。

11.4 ですから、解説Ⅳを分かち合いへの序章として終えましょう。分かち合いこそが、わたしたちの新たなコミュニケーション手段であり、創造手段です。分かち合いによって、学びは学びを超えたものに置き換えられます。わたしは解説Ⅳを、キリスト意識を保つ上で役立つ分かち合いによって終えます。

11.5 わたしと同じように、これらの言葉を新しい方法で読んでみてください。あなたは今や、学習者ではありません。わたしがあなたに示すものを、キリストの兄弟姉妹たちと平等に分かち合うものとして見なければなりません。それは、融合と関係性の中で、仲間である創造者たちと分かち合うものだと考えなければなりません。そのように見ることが、共同で行う創造の始まりです。こうした終盤の結論の中で、わたしがあなたに知識を与えることを求めないでください。一つになったハートとマインドに蘇った記憶として、次章の内容をあなたの中に染み渡らせてください。頼れる権威ある者として、わたしのことを見ないでください。キリスト意識を持ちながら未来を創造する平等のパートナーとして、わたしを見てください。

第十二章　対話への序章

12.1 生まれ変わったキリストの兄弟姉妹たちよ、キリスト意識とともに未来を創造するときへ、ようこそ。わたしたちはこれから、新しいものを誕生させるために協力し合います。

12.2 わたしはこれから、教えるのではなく、直接的コミュニケーションである対話を通してあなたに応えていきます。何かをする際、新しい手段のすべてがそうであるように、この対話にも出発点が必要です。今がそのときです。

12.3 現時点で、先駆者たちの集まりがすでに存在しています。彼らは、自分たちが一つになって学んでいること、皆の疑問が同じであったこと、分かち合いは身体的感覚に限られたものでなかったことを知り始めています。

12.4 この序章では、それらを個人的に、かつ集合的に伝えます。融合して皆とつながると、この序章が、個人のあなたと集合体の一部のあなたの両方に語りかけていることがわかるでしょう。その対話は続きます。これはその対話に参加するための招待状です。あなたがどこにいたとしても、対話が応えてくれます。いかなる心配事を抱えていても、いかなる疑問が生じていても、あなたは応えてもらえるでしょう。

12.5 二つの非常に大きな変化が、あなたに訪れるでしょう。最初の変化は、学びが終わることです。この予期せぬ変化は、あなたのマインドにゆっくりと訪れます。そして、思いがけない啓示があるでしょう。二つ目の変化は、融合する中での分かち合いが始まることです。あなたのハートはその変化を喜んで受け入れますが、マインドはかつてと同じく、その変化に驚くことでしょう。

12.6 そんな驚きを喜んでください。笑って楽しんでください。もはや物事を解明する必要はありません。驚きを解明することはできません！ それはただ、次々と届く嬉しい贈り物であるべきです。贈り物が唯一必要としていることは、受け取られ応じてもらうことです。

12.7 書き記されなくてもこれらの対話をあなたの中で保てるようになれば、書き言葉はますます必要なくなるでしょう。では、なぜここに記されている言葉が仲介的なものではなく、直接的な学びを象徴するものなのか説明させてください。

12.8 この章で話す対話が仲介的なものでないことを簡潔に述べましょう。この対話は、融合した状態に存在し、融合しているときに与えられ受け取られます。分離している間だけ、仲介となる段階が必要でした。分かち合いの時期になると、学びの時期に仲介的だったものは、自然と直接的な分かち合いに変わります。

12.9 したがって、もしあなたが信仰深いなら、教会を捨てる必要はありません。これからは、教会の中で直接的な分かち合いの経験を見出していくからです。書物の中に導きと心地よさを見出してきたのなら、それを捨てないでください。記された言葉によって、今度は直接的な分かち合いが引き起こされていくからです。学習者同士の集まりで学ぶことを楽しんできたのなら、そこで直接的な分かち合いを経験してください。そうした分かち合いに心惹かれなくなるときがきたら、より大きな規模でもう一度分かち合ってみてください。

12.10 今、肝に銘じることは唯一、学ぶ時期は終わったということです。もし心配事や疑問にまだ直面しているのなら、あなたは自分のことを学習者と思い続ける傾向にあるということです。こうした対話をしていても、引き続き同じ疑問や心配事が生じるなら、あなたはこの対話を、教えをもたらすものととらえ、自分のことを学習者ととらえていることになります。自分をそうとらえることは、古い状態にあることを指します。あなたはそのような状態に警戒しなくていけません。けれども、自分は学習者だという考えを手放せば、本当の自分を表現する力や可能性が大きく広がって驚くでしょう。学びを受け入れ続ける限り、あなたは学ぶ「状態」を受け入れ続けることになります。その状態こそが、あなたのこれまで人生経験であり、あなたが抜け出す意志を表明したものです。あなたをその状態から抜け出させるのは、あなた自身に他なりません。たとえ短い間でもその状態から抜け出すためには、自分の思考パターンに目を光らせるしかありません。そうすれば、分離したまま学ぶという考えを断ち、融合して分かち合いをするという考えに置き換えられます。学んでいる状態は、分離した自己の状態です。だからこそ、それはもう必要ありません。分離した状態にしがみついているうちは、完全に融合に気づくことはないでしょう。

12.11 親愛なる兄弟姉妹たちよ、あなた方にはもう一つ警戒すべきものがあります。それは、学んだ過去の知識です。解説Ⅳで反抗している状態について述べましたが、それに関連する例を一つ挙げましょう。

12.12 ある集まりに参加した女性の例です。彼女は満たされるということがどういうことかを問い、博学な神父であり学者でもある人物の言葉を引用しました。その人物は修道院での生活に満足するや否や、再び俗世界へと帰っていきました。彼はそうする時期をどのように知ったのかという話をしていました。彼がそこで本当に述べていたことは、満足感が芽生えることを、学びの一段階を終え、次へ進むときがきた合図ととらえていることです。彼の発言は、知識を習得する学びの時期には適しています。しかし新しい分かち合いの時期には、あなたが学ぶべき「次の段階」は存在しません。あなたが、絶えず満たされた感覚にとどまらない理由はどこにもありません。絶え間ない満足感が、あなたの成長を止めることはありません。それは、再び新しい自分を分かち合ったり表現したりする妨げにもなりません。

12.13 これは、「学んだ知識」は捨てなければならないことを示すよい例ではないでしょうか。学んだ知識と言われると、どんな疑問が浮かびますか。満たされた感覚が続くという考えに対しては、疑いを持つのではないでしょうか。しかも疑うだけでなく、満たされた感覚が続くことを本当に願っているでしょうか。こうした疑念は、以前述べた、人としての経験を求める衝動と関連しています。あなたにはそのような疑念を捨てる意志があるでしょうか。例えば、満たされた感覚が続くなど、あり得ないどころか続くべきではないという考えを本当に捨てる意志があるでしょうか。持続する満足感は、持続する平和のように、どういうわけかあなたの成長を止めるとでもいうのでしょうか。あなたが考える成長と、あなたが考える学びは、同義語であることがわかりますか。あなたはいつも次なる学習課題を待ち構えると同時に、それを恐れていたことがわかるでしょうか。

12.14 なぜそうなのでしょうか。あなたは次なる課題を待ち望み、それが自分を現状へと導いてくれることを願っていたのです！　同時に、それを恐れていたのは、今の状態に導かれずに学び続けなければならないことや、もしかすると、学ぶ間に苦しまなければならないことを恐れていたからです。

12.15 あなたはたどり着きました！　あなたをここまで導いた長い旅が終わりました。分かち合う喜びを経験する前に、そして新しいものを創造するという、新たな挑戦に挑む前に、待ち切れなくなって以前の旅に戻ろうなどと思ったりしないでください！　新たな旅は喜びにあふれ、あなたの挑戦もまた、喜ばしいものになります！

12.16 反抗している状態は、知識を学ぶことによって引き起こされた結果でした。その状態は世代から世代へと受け継がれ、あなたの中でとどまって不可欠なものとなり、人としての一種の経験となりました。あなた方はいつも、限界に立ち向かう人類の例を見聞きしてきたのではないでしょうか。そして、限界に立ち向かうことを進歩と呼んできたのではないですか。歴史を遡れば、反抗心からくる破壊力の誤用の多くは、人類の革命や社会の知識向上といったものとして見られてきたのではないでしょうか。

12.17
ここからは、学んだ知識が何をもたらしたのかを見極めていくときです。学んだ知識を増やし続けないよう、地上での経験の総括を終えるという、なくてはならないときを迎えています。学んだ知識は、あなたに一生懸命頑張るよう囁きます。学んだ知識が告げることとは、強者が生き延びるという優勝劣敗です。わたしは地上にいた間、できるだけこの知識というものを排除しようとしましたが、人類は今なおわたしの言葉の意味に頭を悩ませています。そんな困惑に費やす時間は終わりました。すでに広まった知識をこれ以上、広めないでください。かつてわたしは、わたしたちが新たな言語を創造すると言いました。ですから、わたしたちはそうします！　わたしたちは新しいものを創造する存在です。ですから、どこかでそうし始めなければなりません。今がそのときであっても、よいのではないですか。

12.18
過去の苦しみについて、これ以上考えたり話したりしないでください。喜ばしい情報を広めましょう！　嬉しい話だけを伝えましょう。喜びあふれる挑戦という概念を広めましょう。そうすることで、過去の挑戦で注いだ創造力を、今度は苦悩を伴わない挑戦で使うことができます。新しいものの中に、苦悩や恐れや判断といった概念を根づかせないようにしましょう。古い概念や学んだ知識からはるか遠いところで広がる自由を伝えていきましょう。古いものを投げ捨て再び始めること以上にワクワクし、挑戦し甲斐があり、豊かさの励みになるものがあるでしょうか。努力や苦悩なしで、そうできるのです。融合して分かち合い、キリストの兄弟姉妹たちとの関係を通して新しいものを創造する機会ほど、楽しいことが他にあるでしょうか。

12.19
親愛なる兄弟姉妹たちよ、わたしは、あなたがまだ疑問を抱えていることを知っています。わたしは、あなたがどう進んでよいのかわからない時期を経験することを知っています。あなたが折に触れ、後退し、融合して分かち合う代わりに学ぶ状態を選んでしまうことも知っています。それはあなたが、前進する前に必要なあと少しの知識を得るためであることも知っています。それでも、不安や欠如を経験していると感じるときはいつでも、古いものでなく新しいものに頼れることを忘れないでください。

12.20
キリスト意識を保つ力からあなたを遠ざけるものは、自分を疑う思いに他なりません。自分を疑う気持ちは恐れであることを覚えておかなければなりません。そして、疑いたくなる衝動を常に拒絶することを肝に銘じていなければなりません。自分を疑いたくなる衝動は、あなたの意識に深く根づいています。今キリスト意識の状態にとどまっていたとしても、古い思考パターンは、新しいパターンに完全に置き換わるまで続きます。自己不信はあなたの思考パターンの中で生じますが、それは、あなた自身に疑うべき点があるという意味ではありません。あなたには疑うべき点などありません。あなた自身を恐れる理由がないからです。あなた自身が恐れの中にとどまることによって、愛であるキリスト意識にとどまる力が断たれてしまいます。もはや自己不信に陥るべき要因はないため、自己不信になる理由もありません。自己不信が生じたとき、その理由を求めて自己分析したりしないでください。自分を中心に据えた学びの最終段階は終わりました。

12.21
あなたは、融合と関係性の中で分かち合うことに専念しなくてはなりません。したがって、融合と関係性の中で再び創造することに特化する必要があります。この新しい取り組みを始める上で、新しい言語を創造する他に、もう一つ創造すべき欠かせないものがあります。それは新しいパターンです。古いパターンは、学びの最大限の効果を引き出すために作られました。それは、神と融合して分かち合うたった一つのマインドとハートによって創造されました。融合と関係性の中で分かち合うことで、新たに融合と関係性を創造するための新しいパターンがたった今、創造されているところです。あなたが神と融合して分かち合うたった一つのマインドとハートが、その新しいパターンを創造します。あなたはかつて、意識が織りなす学びの共同創造者でした。同様に、新たな意識が織りなす融合と関係性における分かち合いの共同創造者になります。

12.22 もう一度、ここでは新しいものについて話していることを思い出してください。わたしたちがここでキリスト意識と呼ぶ意識状態は、ずっと存在していました。キリスト意識は、形の中で長く保たれることはありませんでしたが、常に存在していました。キリスト意識はあるがままの意識であり、あらゆるものを包括している意識です。人の形を伴う意識は学べば得られますが、キリスト意識は学んで得られるものではありません。それは、あなたが生まれ持った意識であり、学べる意識とはかけ離れています。それでも、あらゆる人が容易にそのキリスト意識を分かち合うことができます。

12.23 言い換えれば、あなたは個の意識を持つ存在として、個の思考パターンを学ぶことができます。あなた一人の意識には限界があるからです。あなたはキリスト意識とつながる存在として、キリスト意識を知るためにキリスト意識を分かち合わなければなりません。あなた一人の意識では、キリスト意識を理解することはできません。これについては、キリスト意識が一人の脳の思考プロセスに組み込まれると、情報過多を引き起こして脳に損傷を与えるから、というふうに考えるとわかりやすいでしょう。あなた一人の意識では、総稼働するコンピューターのように情報を拒否したり、情報過多になったりしますが、キリスト意識ではそんなことは起こりません。キリスト意識は、分離した自己には手の届かないものだからです。キリスト意識は融合した意識です。融合とは、そういうものだからです。

12.24 あなたは今、分かち合われた意識の内側で生きています。分かち合われた意識が織りなすパターンは、融合と関係性の中で分かち合われます。そこには、個人の学び、個人の利益、個人の達成を約束するものはありません。

12.25 それを喪失だと嘆くあなたは、すでに個人として達成可能なすべてをなし遂げていることに気づいてください。個人が学ぶ目的は融合に戻ることです！　ここで一瞬立ち止まり、自分がなし遂げたことを祝福してください。自分を中心に据えた学びの最終段階を通じて、あなたは個の自分が達成できる究極のところまで到達しました！　やり遂げた学びに感謝し、この卒業を祝いましょう。聖なる存在として選ばれたこと、そしてこれまでの過程を祝福しましょう。これからは、それらをあとにして、前を向いて進みましょう。これまでの過程があって、新しい自分になれたことに気づいてください。喜んで、楽しんで、新しいものに目を向けてください。融合した意識の始まりに注意し、それこそが真に「新しい」段階であると気づきましょう。その段階は学べるものではありません。その段階にいるという自覚は、融合と関係性を通してのみ生まれます。

12.26　わたしがあなたとともにいるので、恐れずにそれに気づいてください。その新しい段階にいる様子は、過去に身につけたどんな適応法も役立たない異国の地で、立ち往生している様子と似ています。その段階は、それほどまでに、それ以上に、新しいのです。けれども今のあなたが以前と異なる点は、一人で異国の地にいるのではなく、源の生家に戻っている点です。学べないものは、思い出せばよいのです。分かち合いをすれば、それはただ蘇ってきます。

12.27　このように思い出し、融合して分かち合うことに関心を持つべきです。わたしたちがパターンについて話すときは、そのことを述べています。あらゆる学習者が受け継いで分かち合っている学習過程には、あるパターンがあります。一人ひとり手段は違っても、そのパターンは同じでした。最適な学習を保証する全体の設計図というものがあるとすると、その設計は、決まったパターンに則りあなたに知られることになりました。エゴがあなたの思考体系を支配するようになったあとも、そのパターンはあなたの思考パターンの一部として存在し続けました。それがなければ、エゴは個のあなたの支配者にはなれていなかったでしょう。この設計図とパターンの一部として、自由意志を持てる自由がありました。

12.28　自由意志は、キリスト意識においても存続します。愛も同じです。学びの時期に適していた個々の意識は存続しません。ですから新しいパターンでは、学びではなく融合と関係性の中で創造します。これがどういう意味か明らかになっていくでしょう。そしてキリスト意識にとどまるあらゆる人たちが、それを分かち合うことでしょう。あなた方はそれぞれの選択で、融合した意識にとどまるからです。

12.29 あなたは、分かち合う選択をする必要はありません。分かち合わずにはいられないからです。あなたはすでに融合を選び、そこにとどまる選択をしたので、その選択をし続ける必要はありません。分離を選ぶことはやめなければなりませんが、学びや学ぶ状態を選択することをやめる必要はありません。

12.30 疑いや恐れを持たずにキリスト意識を保つために、役立つものがあります。それは新しい設計図を知り、その設計図が示す新しいパターンを知ることです。キリスト意識を保つ上で有効なこの新しい設計図とそのパターンは、融合した分かち合いによって創造され、わたしたちの対話を通して伝えられなければなりません。

12.31 これは、そんな対話への序章です。融合すると、分かち合いは自動的に行われます。それがキリスト意識の本質です。その本質に馴染むと、わたしたちの対話や兄弟姉妹の分かち合いは、すでに存在していたものを伝え合っているに過ぎないことがわかるでしょう。その気づきは、学びに取って代わる啓示を受ける際や、分かち合いの真実に馴染む際に役立つでしょう。あなたは、実は分かち合いの真実を、かつて慣れ親しんでいた方法で知る前にすでに受け取っていました。それを助けにして、新しいパターンを確立することができます。そのパターンのおかげで、あなたやあなたのあとに続く人たちは、一人ひとりが受け継いだすべてと、それぞれの創造力で可能なすべてを、より深く自覚できるようになるでしょう。

12.32 わたしは、わたしを教師に、あなたを学習者にしておくための対策を持ち合わせてはいません。個の自分を高める対策や、形を使ってキリスト意識を生きるための対策は、これから明らかになって分かち合われていきます。今わたしたちの目の前に広がる時代は、過去に基づかない未来を創造していく時代です。

12.33 まさに、そのときがきています。あなたはまだ、形ある存在なので、時空の領域で生きています。けれども、時空はもはや、わたしたちを離れ離れにはしません。分離がないことを告げる設計図やそのパターンの創造こそ、わたしたちがこれから行うことです。それは、これからやってくる啓示とその啓示に対するわたしたちの反応を通し、あなたとわたしで互いに決めていくことです。

12.34 新しいものを創造するときがきました。わたしたちは、愛情深い創造主による創造の一部として、互いに影響し合う存在です。創造とは対話のことです。わたしたちが思いを馳せて想像して願うことに、応えてくれます。融合したわたしたちと神が、応えてくれます。わたしたちが応じれば応えてくれるもの、それが創造です。新たな創造は、あなたなしでは始まりません。新しいものを求めるあなたの意志、つまり古いもの、恐れ、判断、分離した意志を手放す意志は、新しいものを創造する上で欠かせません。かつて古いものを受け入れていた意志は、せっかくの創造力を古いものの領域にとどめたままにしていました。神のように創造することが本当の自分だと気づけば、これは完璧に筋が通っているのではないでしょうか。あなたなしで、どうやって新しいものに向かって創造していけるというのでしょうか。

12.35 未来はどうなるでしょうか。親愛なる兄弟姉妹よ、それは、わたしたちにかかっています。わたしたちが一つの身体、一つのマインド、一つのハートとして行動し、創造することにかかっています。新しい未来は、融合と関係性でつながる新しい形が生み出していく未来です。そんな未来では、恐れがないこと、愛と限界なき自由があることだけが約束されています。これ以上、何を求められるでしょうか。わたしたちに求められるものとして、これ以上のものがあるでしょうか。

12.36 ここで間違えないようにしてください。わたしたちに求められているもの、それはすべてです。全面的に古いものを捨て、全面的に新しいものを受け入れる意志が求められています。しかしさらに間違えてはいけない点は、わたしたちにはすべてが与えられているということです。全創造力がわたしたちに向かって放出されています。さあ、それを使っていきましょう。

【最初の受け手】

マリ・ペロン　Mari Perron

アメリカ合衆国ミネソタ州出身。ミネソタ大学卒業。1995年、ミステリー小説家として出版社と契約。1996年、『奇跡のコース』に出会う。1997年、友人二人との密接でスピリチュアルな求道体験をまとめた『グレース』出版。1998年、イエスからのメッセージを聞き取り、『愛のコース』の記録が始まる。2001年、メッセージの聞き取りを完了し、『愛のコース』を三部作としてまとめる。2014年、『愛のコース』出版。現在全米各地で『愛のコース』の講演を行っている。

https://acourseoflove.org

【監訳】

香咲弥須子　Yasuko Kasaki

1988年よりニューヨーク在。1995年『奇跡のコース』に出会う。2004年ヒーリング・コミュニティセンターCRS（Center for Remembering & Sharing）をマンハッタンに設立。Association for spirituality & psychotherapy会員。国際ペンクラブ会員。国際美容連盟IBF理事。教師、スピリチュアル・カウンセラー、作家、翻訳家。CRSを中心に、セミナー、講演会等を世界各国で行っているほか、『奇跡のコース』『愛のコース』を教え説いている。著書、翻訳書、瞑想ガイド多数。

www.yasukokasaki.com

【翻訳】

ティケリー裕子　Yuko Tekelly

米国在住。ペンシルバニア州ドレクセル大学卒業。訳書に、ゲイリー・R・レナード著『愛は誰も忘れていない』『イエスとブッダが共に生きた生涯』（ともにナチュラルスピリット刊）など。

愛のコース

第二部　解説書

●

2022年12月25日　初版発行

記／マリ・ペロン

監訳者／香咲弥須子

訳者／ティケリー裕子

本文デザイン・DTP／山中 央

編集／中道真記子

発行者／今井博揮

発行所／株式会社 ナチュラルスピリット

〒101-0051 東京都千代田区神田神保町3-2 高橋ビル2階

TEL 03-6450-5938　FAX 03-6450-5978

info@naturalspirit.co.jp

https://www.naturalspirit.co.jp/

印刷所／モリモト印刷株式会社

ISBN978-4-86451-422-4　C0011

落丁・乱丁の場合はお取り替えいたします。

定価はカバーに表示してあります。

●新しい時代の意識をひらく、ナチュラルスピリットの本

奇跡の道　兄イエズスの教え1
本文・序文～第六章

ヘレン・シャックマン 著
ケネス・ワプニック 編
田中百合子 訳

待望の書籍化！　学習しやすい分冊版で刊行！　奇跡は愛の表現として自然に起こり、愛によって生ずるあらゆるものが奇跡なのです。　定価 本体一六〇〇円＋税

愛は誰も忘れていない

ゲイリー・R・レナード 著
ティケリー裕子 訳

ゲイリー・R・レナード三部作完結編！　人と世界を赦すことによって、身体と世界が実在しないことを知覚し非二元の実在の神と一つになる！

定価 本体二四〇〇円＋税

イエスとブッダが共に生きた生涯
偉大な仲間の転生の歴史

ゲイリー・R・レナード 著
ティケリー裕子 訳

生まれ変わる度に共に道を極めていったイエスとブッダ。二人の転生を通して『奇跡のコース』の本質をわかりやすく伝える。

定価 本体二四〇〇円＋税

イエシュアの手紙

マーク・ハマー 著
マリディアナ万美子 訳

『奇跡のコース』を伝えた源であるイエスから、著者が受け取ったメッセージ。人生の本質を、体験談を交えて伝える。

定価 本体一八〇〇円＋税

パラダイス

増田奈奈 著

何もかも上手くいかず、苦しみの底にいた著者が『奇跡のコース』と出会い、人生が奇跡的なものへと変化していく過程を描いたノンフィクション。

定価 本体一六〇〇円＋税

インナーメッセンジャー

川上貢一 著

「奇跡のコース（奇跡の道）」を学ぶ中で、著者がインスピレーションを受けて書いた、澄みわたったメッセージ（詩）と、自伝と気づきのエッセイ。

定価 本体一九〇〇円＋税

【DVD】奇跡のコース　目覚めシリーズ（日本語吹替え付き）
「真のゆるし」を受け入れる

『奇跡のコース』を朗読で学ぶDVD。本当の自分を思い出すために『奇跡のコース』のレッスンを通して「真のゆるし」を受け入れることを学びます。

定価 本体三三〇〇円＋税

お近くの書店、インターネット書店、および小社でお求めになれます。